SORTEZ DE VOS SENTIERS BATTUS

SORTEZ DE VOS SENTIERS BATTUS

Créez Le Chapitre Suivant De Votre Vie

Jovita Jenkins, MBA

Ajides Publishing • Culver City, CA

Copyright © 2005 par Jovita Jenkins

Cette publication est concue pour donner une information adéquate et faisant autorité sur le sujet couvert. Il est vendu en comprenant bien que l'auteur ne s'est légalement engagé à rendre aucun service d'ordre psychologique ou professionnel. Si un tel conseil légal ou toute autre expertise était requise, les services d'un professionnel compétent doivent être recherchés.

Jenkins, Jovita.
Sortez de vos sentiers battus : Créez le prochain chapitre de votre vie/ Jovita Jenkins – 1ère edition.
p.cm.
Inclut des références bibliographiques.

ISBN 0-9749887-2-3

Tous droits réservés. Aucune partie de ce livre ne peut être reproduite ou transmise sous quelque forme que ce soit ou par quelque moyen électronique, mécanique; incluant la photocopie, l'enregistrement ou par tout système informatique de stockage et récupération d'information; sans l'autorisation écrite de la maison d'édition. Pour informations, contactez Ajides Publishing.

Dédicace

Ce livre est dédié à:

Tous ceux qui osent sortir de leur routine et mener l'existence qu'ils aiment.

À mon merveilleux époux Akbar, dont l'inspiration m'a fait cheminer au delà de mes peurs et vivre mes rêves.

À ma mère la fameuse Dottie B. qui me fit le don de croire que je pouvais réaliser tout ce vers quoi j'avais orienté mon esprit.

À ma fille chérie Shannita dont l'épanouissement a crée cet être merveilleux, créatif et aimant.

À mes fidèles amies JoAnn et Joyce.

À ces Dames ; mes maîtres à penser : Le Dr Jo, Linda, et Shaune.

À tous ceux qui m'ont encouragée dans la voie qui me fit recréer ma vie à mi-parcours.

Je voudrais mercier Francois Steinmetz et Pascal Hlepesqueux pour leurs travaillent sur la translation de Soyez de vos Senters Battus. Merci tres beaucoup bonnes hommes.

Table des Matières

Remerciements..ix

Introduction... 1

PARTIE I.. 9

1. Un Parcours S'achève 11

2. Les Obstacles Sur La Route Du Succès.....................17

PARTIE II..31

3. La Prescription Pour Le Succès de Jovita..................33

4. Ré-Entrainez Votre Cerveau......................................41

5. Découvrez Votre Passion et Votre Raison d'Être.........59

6. Développez Votre Plan D'action................................71

7. Walk-The-Walk and Talk-The-Talk 79

8. Développer l'Équipe du Rêve 91

PARTIE III 99

9. Assemblez Les Pièces 101

10. Un Nouveau Voyage Commence........................115

Bibliographie...121

Remerciements

L'achèvement de ce livre marque d'une borne majeure mon cheminement personnel vers la réalisation du prochain chapitre de ma vie. Comme beaucoup d'autres avant moi je savais intuitivement qu'un jour l'auteur en moi ferait surface. Ce jour est finalement arrivé, le flacon a été débouché et le génie libéré.

En finissant ce livre, le premier de nombreux autres projets d'écriture, je m'aperçois qu'il y a tellement de gens qui méritent ma reconnaissance pour leur soutien et leurs encouragements que leur liste pourrait a elle seule remplir un livre. D'avance je tiens à présenter mes excuses à tous ceux qui mériteraient une mention spéciale et n'ont pas été nommés ici.

Pour débuter, je remercie ma famille, en commençant par mon merveilleux époux Akbar. Son amour et sa foi ont été pour moi l'air soutenant mes ailes ces vingt dernières années. Il y a également ma fille Shannita: je suis si fière d'elle ; c'est elle qui dirige mon équipe de promotion et est responsable de la production de ce livre.

X • Sortez de vos Sentiers Battus

J'aimerais aussi exprimer ma reconnaissance à mes parents et en particulier ma mère, la fabuleuse Miss Dottie B. qui m'enseigna que je pouvais devenir et réaliser tout ce vers quoi j'avais orienté mon esprit. Je lui dois de m'avoir instillé le courage de poursuivre mon rêve de devenir ingénieur alors que mes pairs et mes enseignants avaient essayé de me convaincre que ma destinée dans la vie était d'être secrétaire. Je lui en serai éternellement reconnaissante.

Joyce Haynes mérite ma reconnaissance car elle fit tout pour me garder bien concentrée sur mon but, ce qui, je dois l'admettre, ne fut pas une tâche facile. Joyce est une amie très chère et, en fait, ma famille l'a adoptée. Merci Joyce, je ne sais pas ce que j'aurais fait sans toi. Viennent ensuite mes amies JoAnn et LaVerne, qui sont pour moi le plus près de ce que pourraient être des sœurs.

En faisant le tour de mes principaux alliés, j'inclue mon équipe de rêveurs et mon équipe de maîtres à penser. Mon équipe de rêveurs est constituée de mon mari Akbar, ma fille Shannita, mon amie Joyce mentionnée plus haut.

Remerciements • XI

Mon équipe de rêveurs inclut également Theresa, ma conceptrice informatique, James, dont la compagnie accueille mes sites informatiques et Nancy, ma comptable agrée. Les dames de mon groupe de maîtres à penser sont le Dr Jo, Linda et Shaune. Nous apportons notre support mutuel aux rêves et aux buts de chacune des autres et tenons chacune d'entre nous pour redevable du bon fonctionnement des plans visant à réaliser nos rêves individuels.

Ces manifestations de reconnaissance vont à tous ceux qui ont influencé la transition me menant du statut de membre d'une organisation à celui de directeur d'entreprise. Merci à Fran et Compagnie de l'académie de formation des entraîneurs pour m'avoir fait connaître l'entraînement professionnel à un moment de ma vie où je savais du fond du cœur qu'il était temps de me réinventer et de faire route vers le chapitre suivant de ma vie. Entraîner des cadres est devenu une de mes passions, non seulement cela me donne l'occasion d'aider mes clients à atteindre leurs buts, mais cela me permet également d'influencer des changements aux plus hauts niveaux de l'Amérique des affaires.

XII • Sortez de vos Sentiers Battus

Merci à vous, mes clients en conseil de me confier vos buts et vos rêves. C'est un tel plaisir d'observer vos progrès à travers vos publications et de vous voir découvrir vos vérités ultimes sur la base de votre sagesse intérieure.

Merci à tous les lecteurs de mes articles de partager régulièrement leurs idées avec moi par e-mail.

Merci, enfin, à chacun d'entre vous qui a acheté mon livre et qui utilisera mes outils et stratégies dans sa transformation personnelle.

En dernier lieu, mais en aucun cas le moindre, je remercie Dieu pour toutes ses bénédictions.

Introduction

Qu'oseriez-vous rêver si vous saviez que cela se réaliserait ? Que se passerait-t-il si vous pouviez vous programmer pour obtenir tout le succès que vous aimeriez rencontrer, et ceci dans tous les domaines de votre vie : affaires, carrière, relations, santé, argent ou toute autre chose à laquelle vous pourriez penser ? Que réaliseriez-vous si vous pouviez Sortir De Votre Propre Routine™ ?

Telles sont les questions auxquelles j'ai été confrontée pendant de nombreuses années, dans ma vie personnelle, mes relations de travail avec mes collègues, mes rapports organisationnels directs, avec mes clients en consultation et en entraînement. Nous avons tous cette tendance à sous-évaluer notre potentiel. Nous sommes coincés entre nos engagements d'hier et nos promesses pour demain. Nous sommes tellement submergés par les évènements de la vie quotidienne que même si nous nous rappelons du « Grand Plan » pour nos vies, nous finissons par cesser de nous efforcer de le mener à bien.

2 • Sortez de vos Sentiers Battus

Dans notre vie tout un tas d'influences « bien intentionnées » conspirent pour nous convaincre que la seule chose réaliste à faire est de rester où nous en sommes et de continuer à faire ce que nous faisons déjà. Pire encore, nous nous convainquons nous-même de stagner dans notre routine familière, sécuritaire et confortable même si nous savons intuitivement qu'il est de notre meilleur intérêt de créer une rupture, d'essayer quelque chose de nouveau, quelque chose qui fera chanter nos âmes et donnera à nos existences un but et une signification.

Ce livre est pour ceux qui, tout comme moi, poursuivent une quête pour se créer un futur plus attirant. Selon le dictionnaire de Webster, une des définitions du mot " attirant " est : " irrésistible ". Ma vision du futur idéal et irrésistible est celle où je fais un travail que j'aime, avec des gens que je respecte et, même, apprécie. C'est une contribution au monde qui le laissera un peu meilleur du seul fait que j'y étais.

Ma vision du futur idéal ne se limite pas au travail. Elle inclut d'avoir des relations aimantes et significatives, avec mon époux, ma famille, mes amis. Elle est de vivre dans un endroit que j'aime, avec des gens que j'aime et qui m'aiment en retour. Elle inclut même d'avoir du plaisir à l'occasion (tout un concept !). Cette vision vous attire-t-elle ? Aimeriez-vous créer et réaliser une vision semblable pour vous-mêmes? De quoi se constitue votre futur irrésistiblement attrayant ?

Vous avez en vous le pouvoir de changer votre vie dès maintenant. Vous pouvez accomplir tout ce que votre cœur désire, vous pouvez vous revigorer et vous réinventer. Mais d'abord, il vous faut changer votre mentalité concernant vos possibilités, vos capacités, votre vie. Il vous faut apprendre le secret sur la façon de sortir de votre routine et d'arrêter de faire obstacle à votre propre succès. Mon but en écrivant ce livre est précisément de vous aider à ceci : sortir de vos sentiers battus, de façon à pouvoir vous créer une destinée attrayante qui vous soit propre.

4 • Sortez de vos Sentiers Battus

Que signifie **Sortir De Vos Sentiers Battus**™ ? Cela veut dire abandonner les croyances et les comportements qui ne vous servent plus. C'est découvrir vos passions et objectifs. C'est vous amener à définir vos objectifs et entreprendre des actions pour les atteindre. Cela signifie surmonter les appréhensions qui vous retiennent. Cela veut dire vous accorder la permission de rêver en grand et ensuite d'entreprendre les actions requises pour concrétiser vos rêves.

En utilisant la **Prescription Pour Le Succès De Jovita** décrite plus bas, vous pourrez commencer à vous créer de nouvelles opportunités, et à penser différemment vos projets, vos relations, , et même votre vie. Sans pouvoir vous garantir absolument le succès, je peux cependant vous fournir des outils et stratégies vous aidant de façon significative à accroître votre capacité à créer des changements positifs et durables dans votre vie. Changer peut être effrayant et malaisé. Il peut paraître plus confortable de maintenir votre statu quo. Mais si vous continuez à faire ce que vous avez toujours fait, vous ne continuerez jamais qu'à obtenir les mêmes résultats.

Introduction • 5

Se créer un futur irrésistible exige de l'action. C'est le temps de changer. Rêvez en grand. Développez et réalisez un plan pour changer vos rêves en réalités. Entreprenez concrètement des actions qui vous mèneront vers vos buts. Sortez de votre zone de confort ! Vous avez besoin d'aide ? Poursuivez votre lecture !!!

Les raisons qui m'ont poussée à écrire *Sortez De Vos Sentiers Battus*™

Ce livre s'adresse à quiconque se sent bloqué et incapable de réaliser ses rêves. Il s'adresse à ceux qui ont été dépassés par la réalité d'une vie qui ne leur apporte plus l'épanouissement qu'ils espéraient. Il s'adresse également à quiconque désire amener à un niveau encore supérieur une vie déjà épanouissante. Ce livre se veut une ressource pour toute personne en quête d'un futur plus attrayant.

Mon but en écrivant ce livre est de partager avec vous la sagesse et l'expérience acquise au cours de ce demi-siècle passé. Après m'être réinventée avec succès, après avoir changé ma casquette de cadre d'industrie pour celle de propriétaire d'entreprise, j'ai ressenti le désir de donner à mon tour. Mes clients en conseil et mes auditoires de conférences me questionnaient de façon insistante sur mes stratégies de succès. Ce travail a été initialement conçu pour aider ceux qui font face à des dilemmes semblables à ceux auxquels j'ai du faire face au cours de ma vie. Cependant, mes stratégies peuvent être adaptées à toute situation personnelle.

Pour parler un peu de moi, ce fut un tournant majeur dans ma vie quand j'ai réalisé que la carrière que j'aimais tellement et que j'avais construite au prix de durs efforts ne convenait plus à la personne que j'étais devenue. J'étais malheureuse et frustrée. J'ai décidé que mon bien-être futur exigeait, qu'à nouveau, je me réinvente moi-même. C'était une pensée particulièrement angoissante d'autant plus qu'elle se présentait au point culminant d'une carrière de cadre dans l'aérospatiale.

Mon histoire était pourtant celle de maints succès face aux difficultés. J'avais terminé mes études tout en travaillant à plein temps comme secrétaire et en élevant ma fille dans une situation mono-parentale.

Introduction • 7

Mon diplôme tout neuf de mathématiques en poche, j'étais rentrée comme ingénieur; première femme noire, dans l'équipe technique de Rockwell International. À partir de ce tremplin, j'avais continué, et avais grimpé un à un tous les échelons de l'échelle administrative. À la fin de ma trentième année de carrière dans l'industrie aérospatiale, j'avais contribué à repousser considérablement vers le haut le plafond de mes limites. En chemin j'ai rencontré et épousé mon merveilleux mari. Nous avons célébré notre vingtième anniversaire de mariage le mois de décembre dernier.

Cependant, attention, soyez prudents avec ce que vous demandez, car vous pourriez finalement découvrir que ce que vous obtenez n'était pas ce que vous aviez rêvé, ce dont vous aviez finalement besoin. Pour moi, la vie d'un cadre n'était pas celle que j'avais envisagé. Vu de l'extérieur, j'avais peut-être toutes les apparences du succès mais, intérieurement, je savais que je pouvais éprouver plus de satisfaction.

Il était temps de me réinventer moi-même!

8 • **Sortez de vos Sentiers Battus**

Malgré mes frayeurs, je m'embarquais dans un voyage menant à la réalisation de ce futur plus irrésistiblement attrayant. Laissant le monde organisationnel derrière moi, je me lançais dans une nouvelle aventure en tant qu'auteur, conférencier, entraîneur de cadres, et propriétaire d'entreprise. Voilà !

Maintenant, vous: quel est votre rêve ? Le vivez-vous? Si non, que faites-vous pour que cela se produise? Lisez le chapitre suivant pour obtenir quelques réponses.

PARTIE I

*La piqûre du changement
n'est rien en comparaison
de la morsure de la désuétude.*
       --Anonyme

CHAPITRE UN

Un parcours s'achève

Certaines personnes rêvent de leurs grands accomplissements, d'autres restent éveillées et les mènent à terme.

- *Anonyme*

-

C'était une froide et morne après-midi de tempête en décembre. La pluie tombait plus forte qu'elle ne l'avait fait depuis des années. Tandis que l'orage grondait, je regardais par une des fenêtres du deuxième étage le dernier autobus quitter le bâtiment. Il était rempli de collègues de la compagnie dont j'avais fait partie durant ce dernier quart de siècle. Les expressions sur les visages des gens entrant dans cet autobus reflétait uniquement tristesse, anxiété et résignation. L'impensable s'était produit. Après avoir été en affaires pendant cent et un ans, notre vieille compagnie avait été l'objet d'une acquisition boursière hostile. Que cela nous plaise ou non T.R.W. n'existait plus. La destination des autobus était un rassemblement dans une grande tente; la première rencontre avec les nouveaux propriétaires.

En contemplant cette scène à travers la fenêtre de cette pièce confortable du deuxième étage, je savais que ma décision de quitter l'entreprise avait été la bonne. J'avais choisi de ne pas assister au rassemblement, c'était ma dernière semaine de travail avant de prendre ma retraite. La réunion, obligatoire pour les employés, devenait facultative pour moi. Jusqu'à ce moment j'avais sous-estimé ma décision de partir. A présent, un sentiment de calme et de gratitude m'inondait. Désormais, j'étais certaine que le moment était venu pour moi de faire le saut avec confiance et d'écrire, selon *mes* termes, le prochain chapitre de ma vie.

Les expressions sur les visages de mes collègues me rendaient réellement reconnaissante d'avoir écouté mon intuition, poursuivi mes rêves et élaboré un plan de sortie. En ce jour fatidique de décembre, j'avais conservé des options que mes collègues n'avaient plus. C'était un moment décisif de ma vie.

Tout en ayant des appréhensions quant à ce que le futur pouvait me réserver, j'étais excitée par ses possibilités. C'était le bon moment pour refermer la porte sur mon vécu de citoyenne d'organisation. Simultanément une page nouvelle s'ouvrait pour moi en qualité d'auteur, de conférencier, d'entraîneur de cadres et propriétaire d'entreprise. Je faisais mon entrée dans un futur, rédigeant, selon mes propres conceptions, le chapitre suivant de ma vie.

Pourquoi mon histoire vous concernerait-elle? Parce qu'elle illustre qu'avec un rêve, un plan, et confiance en vous-même, il vous est possible de créer le futur de votre choix. Le plus grand talent que vous n'aurez jamais est cette aptitude à vivre votre vie selon vos propres critères. J'ai la certitude que si nous ne trouvons pas la façon de contrôler nos propres destinées nous devenons alors des pions dans les mains de ceux qui y parviennent.

Les évènements de cette journée pluvieuse de décembre 2002 illustrent ce fait sur une grande échelle. Des réductions de personnel, des reprises par la concurrence, des restructurations ont lieu tous les jours. En fait, il y a de fortes probabilités que vous ou un de vos proches ait été ou sera un jour affecté par les changements rapides du monde des affaires. Choisir de m'en aller comme je l'avais fait n'était pas possible pour tous. C'était une option pour moi parce que j'avais pris le temps durant les trois années précédentes de mettre au point un plan d'avenir basé sur la perspective de ce que je voulais que ma vie soit. Un plan dont j'ai parcouru systématiquement toutes les étapes. Vous aussi vous le pouvez. Prendre conscience que vous avez les capacités, la confiance, et le courage de réussir fait partie du long processus vous aidant à surmonter les coups durs et à en sortir triomphants.

Je n'oublierai jamais mes sentiments a la vue de l'anxiété qu'exprimaient mes anciens collègues. J'ai, moi, fait le grand saut avec foi et poursuivi ma quête, convaincue que j'avais fait tout mon possible pour me préparer à cette transition. Durant les moments difficiles j'ai même utilisé cette espoir comme inspiration pour continuer à aller de l'avant. Suivre les étapes de la prescription pour le succès de Jovita décrite plus loin dans ce livre m'a aidé à sortir de mes sentiers battus, et à poursuivre mes rêves en dépit de la crainte et des obstacles. Ma prescription vous fournira les stratégies et les prises de conscience qui pourront, vous aussi, vous aider à réaliser vos rêves.

Le cheminement à travers la vie est rempli d'opportunités et de défis. Certaines personnes saisissent ces opportunités et changent les défis en d'autres opportunités. Ce sont les gens qui réussissent le mieux. D'autres se débattent à peine, essayant seulement de passer au travers de leur journée, suivant le troupeau, mais ne menant jamais la charge. Qu'est-ce qui distingue ces gens à succès des autres ? C'est leur habileté à sortir de leur routine et de continuer à faire des efforts pour grandir malgré les difficultés.

Ce livre est une carte d'atout dans le jeu de ceux qui veulent augmenter leurs chances de succès. C'est un guide pour vous aider à planifier votre parcours en accord avec votre propre définition du succès. C'est la chronique de mon parcours vers la réussite.

Il relate mon expérience et les leçons apprises dans les entreprises, comme femme d'affaires, entraîneur de cadres ou comme individu luttant pour trouver son propre chemin dans ce grand voyage qu'on appelle la vie. Mon objectif est de vous fournir les stratégies et les outils vous aidant à sortir de vos sentiers battus afin que, vous aussi, vous puissiez concevoir et accomplir les changements nécessaires pour créer votre propre futur.

CHAPITRE DEUX

Les obstacles sur le chemin du succès

La perle de grand prix se trouve dans le combat mené pour être authentiques vis-à-vis de nous-mêmes.

■ *Anonyme*
■

Rencontrez-vous autant de succès qu'espéré dans tous les domaines de votre vie ? Est ce que c'est votre définition personnelle du succès qui guide les choix de votre vie ? Vivez-vous votre passion? Pour la plupart d'entre nous la réponse à ces deux questions d'une importance vitale est un " NON " retentissant ! Quelque part sur la route de la vie beaucoup d'entre nous ont perdu leur passion, abandonné leurs rêves, et se sont conformés à ce que l'on attendait d'eux. Nous avons adopté les définitions communément admises du succès, nous nous les sommes appropriées et vivons nos vies conformément à ces définitions.

Malgré tout, je vous assure que vous pouvez être, faire et avoir tout ce que vous voulez.

18 • Sortez de vos Sentiers Battus

Mais, au préalable il vous faudra apprendre à Sortir De Vos Sentiers Battus.

Rappelez vous ce que Sortir De Vos Sentiers Battus™ signifie :

1- Changer les croyances et les comportements qui ne vous servent plus.

2- Découvrir votre passion et votre finalité

3- Établir des objectifs et entreprendre des actions pour les atteindre

4- Surmonter la peur qui vous retient

5- Vous accorder la permission de rêver

6- Compléter les étapes pour changer vos rêves en réalités.

Beaucoup d'entre nous se sentent bloqués sur la route, incapables de progresser. En utilisant les jeux olympiques comme métaphore on peut dire que, quand il s'agit dans le jeu de la vie, d'aller chercher la médaille d'or sur la route du succès, nous pouvons nous révéler être notre plus grand adversaire. Souvent nous nous arrêtons tous seuls de progresser vers cette médaille d'or.

Les Obstacles Sur La Route Du Succès • 19

Nous entravons notre succès par notre seule façon de penser, et avec les actions induites par ces pensées (ou leur absence).

Que nous le réalisions ou non nos pensées sont fonction de notre programmation intérieure. Enfants, nous débutons ouverts à toutes les possibilités. Mais, à mesure que nous apprenons et grandissons, nous commençons à nous refermer sur ce que nous extrapolons des circonstances de notre vie. Pour sortir des bourbiers dans lesquelles nous nous sommes engagés nous devons d'abord comprendre que notre programmation intérieure dirige nos actions.

Le premier pas vers la réalisation de tout changement significatif consiste, justement, à se rendre compte qu'un changement est nécessaire. Sur cette base, nous pouvons agir de façon à modifier notre programmation interne. Ce chapitre traite de cette prise de conscience.

Les chapitres suivants expliqueront comment changer notre programmation interne en utilisant *ma prescription pour le succès*.

20 • Sortez de vos Sentiers Battus

Pour aller se chercher la médaille d'or dans les jeux de la vie, beaucoup d'entre nous ont besoin de reprogrammer leurs ordinateurs personnels, de modifier leur programmation interne. Et notre programmation interne est constituée de :

- Notre programmation sociale
- Notre système de croyances
- Nos doutes, craintes et sentiments de culpabilité
- Notre dialogue intérieur
- Nos habitudes
- Nos réactions de défense

La programmation sociale

Un des plus grands besoins humains est celui d'être accepté par nos semblables. Selon Abraham Maslow, célèbre psychologue, dans la hiérarchie des valeurs, seuls le besoin de nourriture et celui d'avoir un abri, passent avant le besoin d'être accepté.

Nos parents, professeurs, prêtres, employeurs, ou toutes autres personnes qui jouent un rôle significatif dans notre vie s'assurent que nous sachions adopter ce qu'ils considèrent comme les comportements acceptables en toutes circonstances.

Quand nous nous conformons aux comportements acceptables, nous sommes récompensés, ou du moins ne sommes nous pas corrigés. Quand nous ne nous y conformons pas, nous risquons d'être punis et mis à l'écart du groupe. Dans bien des cas nous ressentons de la culpabilité et de la honte quand nous tentons d'accomplir quelque chose à l'encontre de la norme du groupe. Les messages que nous recevons sont alors clairs : " Ne vous tenez pas trop à l'écart » ou " Soyez réalistes. " Ces commentaires, à mon avis, transmettent le message clair de : " C'est correct de rester médiocre. " Mais, ce n'est pas le meilleur conseil à suivre si ce que vous voulez c'est d'obtenir autant de succès que possible dans quelque but vous décidez de poursuivre.

Attention, ne vous méprenez pas sur mon message, les normes de groupe sont nécessaires dans une société civilisée. Elles sont la base de nos lois. Cependant, vous devez garder à l'esprit que les normes ont été établies pour vous garder dans le rang même quand cela n'est pas dans votre meilleur intérêt. Réussir à changer vos rêves en réalité requiert une pensée indépendante, laquelle peut, en retour, exiger de ne pas suivre les normes ou le groupe.

Nous sommes également programmés par les messages publicitaires et ceux relatifs à nos loisirs. La télévision, la radio, les magazines et les panneaux d'affichage délivrent des messages spécifiques sur ce qui est acceptable et à la mode. Nous recevons des messages culturels nous disant ce que nous devrions porter, sur la façon de bien paraître, sur ce que nous devrions boire et toute une myriade d'autres messages incitateurs. Nous sommes bombardés d'annonces sur tout ce qui est « jeune».

Ça, c'est bien quand nous sommes jeunes, cependant, quand nous vieillissons, il nous faut redéfinir notre concept de beauté ou nous sentir complètement rejetés. Ceci est particulièrement vrai pour les femmes.

Pour ceux qui, comme moi, font partie de la génération des baby-boomers nous devons faire face à un autre obstacle-clé susceptible de nous faire trébucher

Les Obstacles Sur La Route Du Succès • 23

tandis que nous nous efforçons de nous frayer un chemin vers le succès dans le monde d'aujourd'hui. Notre programmation sociale nous a préparé à vivre dans une époque qui, malheureusement, n'existe plus. On nous a, par exemple, enseigné que si nous acceptions les règles sociales nous pouvions compter sur un emploi à vie. Ce contrat social n'existe plus. Nous devons tous nous préparer à continuellement apprendre, oublier et tout réapprendre si nous espérons rester des acteurs viables de notre société, et être capables de nous aider nous mêmes et nos familles.

Même si les baby-boomers ont été socialisés selon de très anciennes règles, le contrat social (si toutefois nous pouvons encore l'appeler comme cela) est, actuellement, très différent. Au travail vous n'êtes le meilleur qu'à la mesure de votre dernier succès. Vous devez continuellement faire vos preuves et démontrer pourquoi vous êtes toujours le meilleur pour un travail particulier.

Et vous devez continuer à le prouver encore et encore. Beaucoup d'entre nous ne sont pas préparés à se voir confrontés à cette réalité.

24 • Sortez de vos Sentiers Battus

Le message que je veux faire passer est que vous devez décider de votre propre chemin. Ne laissez pas la voix de la critique, ce que j'appellerais la voix des " On a dit que… " vous maintenir sur la ligne de touche. Ne laissez pas la peur d'être rejetés vous empêcher d'aller chercher la médaille d'or. Il y a ce vieux proverbe Africain qui dit : " Le secret de la vie, c'est de ne pas avoir de peurs. " Un autre dicton fonctionne encore mieux pour moi, et c'est le titre du livre de Suzan Jeffers : " Ressentez La Peur Et Faites Le Quand Même".

En effet, cela demande du courage de suivre son propre sentier. Accordez-vous la permission d'être courageux et de faire ce qui vous semble bien pour vous. Je ne suis pas en train de vous suggérer de faire quoique ce soit d'immoral ou d'illégal. La cause que je défends c'est que vous pensiez par vous-mêmes et alliez vers ce qui vous semble bon. Finalement, vous êtes seulement coupables de vouloir vous créer la vie que vous aimez.

Les systèmes de croyances

Notre système de croyances détermine le cours de notre vie. Dans une très large mesure la qualité de notre succès est fonction de ce que nous croyions pouvoir accomplir. Certaines croyances sont énergisantes, elles renforcent notre conviction et nous poussent à l'action dans la direction que nous désirons. D'autres sont limitatives, elles nous retiennent et nous laissent avec un sentiment d'impuissance. Vous connaissez sûrement le dicton qui dit que: " Si vous pensez n'en être pas capables, alors vous avez sûrement raison ! " Vous devez, au contraire, vous convaincre que vous pouvez accomplir votre but et ce, avant même de le mener à terme. Vous trouverez une ample dissertation sur ce sujet dans le prochain chapitre.

Le doute, la peur, le sentiment de culpabilité

La plupart des obstacles rencontrés en cours de route sont d'ordre psychologique. Tel que nous l'avons établi précédemment, nous sommes programmés pour agir conformément aux volontés de notre société (notre programmation sociale). Nous voulons être aimés et approuvés. Parce que cette programmation sociale est inconsciente, nous nous conditionnons nous-même à rester conformes à la norme. On appelle cela être mûr et stable. Dévier de notre programmation sociale nous fait ressentir de l'anxiété, se manifestant sous la forme de doute, de crainte et d'un sentiment de culpabilité. En effet, car nous nous combattons nous-mêmes. Pour être capables de sortir de notre routine, nous devons libérer notre esprit de ces puissantes émotions. Il nous faut donc agir malgré elles (autrement dit, « Ressentez la peur et faites le quand même »).

Le dialogue intérieur

Vous pouvez, selon les cas, être soit votre meilleur ami, soit votre pire ennemi. La façon dont vous vous parlez à vous-mêmes peut déterminer si vous allez rester figés ou si, au contraire, vous allez aller de l'avant vers vos buts. Si votre dialogue intérieur inclut des messages positifs tels que : " Je sais ce que je peux passer au travers de toute situation qui se présentera" alors vous aller probablement rencontrer plus de succès. Si, au contraire, vous vous dites d'être réalistes et que vous vous posez des questions telles que " Qu'est-ce qui te fait croire que tu peux faire ça ? " vous êtes voués à l'échec avant même d'avoir commencé. Portez attention à votre dialogue intérieur. La façon dont vous vous parlez à vous-mêmes peut être un facteur déterminant si vous êtes, oui ou non, capables d'atteindre vos buts.

Les habitudes

Qu'est-ce qu'une habitude? En termes simples, une habitude est un comportement que vous continuerez de répéter. C'est quelque chose que vous faites tellement souvent que cela devient facile, parfois même inconscient. Combien de fois pensez vous à vous brosser les dents le matin? Est-ce que votre voiture paraît vous conduire d'elle-même à votre travail? Approximativement 90% de notre comportement quotidien est basé sur des habitudes. Nos habitudes déterminent comment notre vie fonctionne. Si nous entretenons de bonnes habitudes notre vie s'écoulera en douceur, autrement non.

Quand vos comportements sont alignés avec vos perspectives vous avez alors une beaucoup plus grande chance de réussir. Faites périodiquement une révision de vos habitudes. En changeant systématiquement une habitude à la fois, vous pouvez améliorer votre vie d'une façon spectaculaire.

Les réactions de défense

Nos réactions internes de défense ont une fonction -- elles nous protégent. Cependant cette protection peut être une épée à double tranchant. Elles nous protègent de dommages dans des situations potentiellement dangereuses. Mais, ces réactions de défense peuvent également être une des entraves majeures à la réalisation de nos projets. Elles peuvent facilement gêner notre perspicacité vis-à-vis de nous-mêmes et des autres.

Les caractéristiques présentées ci-dessus vous ont donné des exemples concrets d'obstacles que vous pourriez rencontrer tandis que vous tentez de sortir de vos sentiers battus. Ayez conscience de ceux-ci, ainsi que des nombreuses autres difficultés que vous aurez à surmonter tandis que vous irez de l'avant.

Les Obstacles Sur La Route Du Succès • 29

Dans les chapitres suivants, je présenterai des stratégies élaborées, justement, pour vous aider à surmonter ces obstacles sur la route de votre irrésistible futur.

Critiquer c'est désapprouver les gens, non pour leurs défauts, mais d'avoir des défauts différents des nôtres.

--Anonyme

PARTIE II

Il n'y a pas de données sur le futur.

-- Laurel Culter

CHAPITRE TROIS

La prescription pour le succès de Jovita

Ne vous en allez pas seulement avec le fromage, recréez le labyrinthe !

— *Jovita Jenkins*

La route vers le succès est pleine de pièges. Ne vous êtes-vous jamais demandé pourquoi certaines personnes semblaient toujours avoir la capacité de piloter sur la route avec succès, de naviguer en contournant les obstacles ou en franchissant les bosses sans encombre ? Malgré les vicissitudes s'y opposant, certains d'entre nous vont de là où nous prenons initialement notre départ vers là où nous désirons aller, en dépit des défis auxquels il nous faut faire face le long du chemin. Et beaucoup d'entre nous accomplissent cet exploit non pas une seule fois, mais de nombreuses fois au cours de leur vie.

Vient un temps, cependant, où peu importe nos succès passés, notre formule à succès ne fonctionne plus.

34 • Sortez de vos Sentiers Battus

Ce phénomène semble se produire plus fréquemment au cours de l'époque à changements rapides, l'époque turbulente, que nous vivons présentement. En fait, les stratégies qui fonctionnaient l'année passée, ou aussi récemment que la semaine passée, peuvent devoir être modifiées si nous voulons continuer à rencontrer du succès dans le futur.

Il y a des moments dans la vie où nous nous demandons si nous avons tout ce qu'il faut pour être une personne à succès. Comme nous l'avons évoqué au chapitre précédent, il n'y a pas de garanties. Le milieu du travail au vingt et unième siècle en fournit un excellent exemple. Les changements dans les structures des entreprises, l'administration, les récessions de l'économie peuvent entraîner des mises à pied massives et des revers dans les affaires.

Par contre, nous pouvons également connaître des succès foudroyants. La nature humaine est telle que nous doutons, commençant à nous demander si nous pouvons maintenir notre succès, ou si oui ou non, nous avons ce qu'il faut pour accéder à l'étape suivante. Les

La Prescription Pour Le Succès de Jovita • 35

changements dans notre vie privée peuvent également occasionner des dégâts majeurs, indépendamment de ce que nous percevions ces changement comme bons ou mauvais. Nous nous marions ou nous divorçons, avons des enfants, nous commençons à prendre soin de nos parents, ou rejoignons les rangs des esseulés.

Tous ces évènements créent une incertitude sur notre capacité à faire face aux problèmes ou de notre aptitude à réussir. C'est justement durant ces moments à défis, quand nous rencontrerons des obstacles ou avons à surmonter des montagnes, que les gens véritablement à succès se distinguent de ceux qui capitulent le long du chemin de la vie.

De bonne heure dans ma vie j'ai voulu savoir ce que cela demandait pour rencontrer le succès. J'ai toujours été fascinée, et continue à l'être, en découvrant pourquoi certaines personnes rencontrent un succès fracassant tandis que d'autres n'arrivent pas à atteindre ce à quoi elles aspirent. Ou, pire encore, pourquoi certaines personnes n'aspirent à rien d'autre que de seulement s'en tirer.

36 • Sortez de vos Sentiers Battus

Cette section du livre (la deuxième partie) exprime la sagesse que j'ai acquise tandis que je parcourais mes propres sentiers (oui, il y en a eu plusieurs) vers le succès. Ce chapitre ne décrit pas seulement mon expérience mais présente également les stratégies à succès apprises de mes collègues de travail et de mes clients d'affaires ou de conseil. Les principes que j'ai retenu sont simples, mais profondément significatifs. Les stratégies, elles, peuvent être adaptées à, à peu près, toutes vos situations. Dans les cinq chapitres suivants, nous vous présenterons ce que j'ai appelé *la prescription pour le succès de Jovita*. Je vous ferai également part de l'aspect rationnel de cette prescription, vous fournissant les étapes à suivre lors de sa mise en application, et des conseils pour accélérer votre cheminement individuel le long des sentiers du succès.

Les éléments de la Prescription sont les suivants:

    1. Ré-entrainez votre cerveau

    2. Découvrez ce qui vous passionne et vos buts

    3. Élaborez votre plan d'action

    4. Mettez-vous dans les chaussures du succès

La Prescription Pour Le Succès de Jovita • 37

(« *walk the walk and talk the talk* »)

5. Constituez une *équipe du rêve*.

Reconfigurer le labyrinthe

Un des livres sur les affaires dont on a le plus parlé ces dernières années est celui de Spencer Johnson intitulé : " Qui a déplacé mon fromage ?" L'histoire est une grande parabole du changement. Il relate les aventures de deux souris et de deux petits personnages qui vivent dans un labyrinthe ou ils cherchent du fromage pour se nourrir et être heureux. Le fromage symbolise tout ce qui peut être important pour vous, et le labyrinthe représente l'endroit où vous recherchez le fromage.

Comme vous pouvez vous y attendre, un beau jour, un des personnages de l'histoire arrive dans le labyrinthe et découvre que le fromage n'y est plus. Les souris, de leur coté, se mettent immédiatement à la recherche de fromage et finissent par en dénicher.

Un des petits personnages décide, au bout d'un moment et à contre-cœur, de se mettre à la recherche d'un nouveau fromage, et finalement, en retrouve.

38 • Sortez de vos Sentiers Battus

Par contre, l'autre petit personnage reste, lui, paralysé par la peur, refuse de sortir de son abri et de s'aventurer dans le labyrinthe. Quant à moi, je choisis de ne m'identifier à aucun des personnages de l'histoire. Car mon but n'est pas seulement de me mettre en quête d'un autre fromage (le fromage de quelqu'un d'autre, d'ailleurs), mais de réinventer le labyrinthe, et de créer le mien propre.

Mon objectif, en vous présentant la prescription pour le succès de Jovita, est de vous fournir les outils et techniques qui peuvent vous aider à redessiner votre labyrinthe (il vous reste, cependant, à définir votre conception du succès). Alors, au lieu de retrouver le fromage laissé par quelqu'un d'autre, vous pourriez décider comment reconfigurer votre labyrinthe et où déposer le fromage (de votre sorte préférée, bien sur). Bref, vous l'avez compris, mon objectif est de vous aider à déterminer comment redéfinir votre labyrinthe et son contenu et non pas simplement de vous en aller avec le fromage.

*Avant d'espérer gagner le jackpot,
il vous faut mettre
une pièce dans la machine.*

--Flip Wilson

CHAPITRE QUATRE

Ré-Entrainez Votre Cerveau

Oui, vous avez une mine d'or entre les deux oreilles; c'est votre esprit et votre imagination.

--Earl Nightingale

Ne vous êtes-vous jamais demandé pourquoi, en dépit de vos meilleures intentions, vous n'arriviez pas à atteindre de façon consistante les objectifs et buts que vous vous étiez fixés ? La plupart des gens n'atteignent jamais les sommets auxquels ils aspirent. En fait, nous sommes, souvent, notre pire ennemi et les premiers à saboter notre succès. Une des raisons-clé pour cela est que notre programmation intérieure vient se placer en travers de notre chemin.

Tel que nous l'avons mentionné au chapitre 2, nous sommes, dès la naissance, programmés pour être adaptés à la société dans laquelle nous vivrons. Notre programmation nous vient de nos parents, de nos professeurs, de leaders politiques ou religieux, de nos amis etc.... Les messages que nous recevons d'eux sont diffusés encore et encore jusqu'à ce qu'ils deviennent une partie inconsciente de nous-même. Pour obtenir autant de succès que nous voudrions en avoir nous allons devoir modifier cette programmation intérieure.

Nous devons ré-entrainer nos cerveaux, pour y introduire des croyances nouvelles, plus énergisantes, renouveler nos pensées, nos habitudes, et entreprendre une action stimulante.

Nos pensées, paroles, habitudes et actions sont des facteurs-clé déterminant dans quelle mesure nous rencontrons ou pouvons rencontrer le succès. Elles nous rendent souvent mauvais service.

Ces croyances sont puissantes et colorent notre perception du monde. Elles sont la force qui nous guide. Elles définissent les concepts que nous utilisons pour nous simplifier la vie et pouvoir fonctionner. Et, finalement, déterminent ce que nous percevons et, par extension, ce que nous pouvons réaliser. Ces croyances ont le terrible pouvoir de créer ou de détruire. Elles peuvent être énergisantes ou limitatives, nous explorerons ce concept plus loin dans ce chapitre.

Ré-Entrainez Votre Cerveau • 43

Nos pensées sont basées sur des croyances. Nos pensées ont le pouvoir de nous propulser vers l'avant, ou de nous maintenir en arrière. Elles déterminent également nos actions.Les mots que nous utilisons expriment nos pensées, ils peuvent être positifs et contribuer à nous entraîner de l'avant, ou négatifs et entraver nos succès.

Nos pensées et croyances déterminent nos habitudes et, par conséquent, nos habitudes déterminent notre futur. Les mauvaises habitudes nous maintiennent dans des comportements familiers et confortables, même si ces comportements n'encouragent plus notre croissance ou nos progrès.

Les habitudes déterminent votre comportement. Les bonnes habitudes favorisent des comportements qui nous aident à réaliser ce que nous désirons, les mauvaises les gênent. Notre façon de nous comporter détermine nos actions et nos actions déterminent nos résultats. Sortir de notre routine exige donc un reconditionnement de notre cerveau de telle façon que nos croyances, pensées, mots et habitudes soient en accord avec la vision de qui vous voulez devenir et des buts que vous voulez atteindre.

La relation entre les croyances et les actions

Ne vous êtes-vous jamais demandé pourquoi, en dépit de vos plans, intentions et désirs sincères de changement, vous retourniez systématiquement à des comportements qui vous empêchent d'atteindre les buts que vous vous étiez fixés ? Nous avons beau assister à des séminaires et en sortir convaincus de changer nos vies, cela prend seulement quelques jours et parfois même juste quelques minutes pour revenir à nos vieilles façons de fonctionner. Nous achetons tout un tas de livres et de cassettes conçues pour changer certains aspects de notre vie, nos finances, notre santé, notre forme physique, ou notre bien-être général. Notre collection de matériaux destinés à nous aider s'accroît mais notre comportement reste le même.

Pourquoi ne pouvons-nous pas réaliser de façon consistante ce que nous pensons devoir être capables de réaliser? La plupart d'entre nous prennent un départ enthousiaste à la seule idée de leurs projets. Nous essayons réellement de changer.

Le problème semble résider dans notre incapacité à respecter notre engagement à changer. La raison pour laquelle il est si difficile de respecter cet engagement vient du fait que ce que nous faisons, ressentons, et expérimentons, est déterminé par nos croyances, les croyances à propos de qui nous sommes, à propos de ce que nous méritons d'accomplir, et à propos de notre manière d'agir avec notre environnement. La peur, les croyances limitatives, ont été programmés dans notre subconscient et silencieusement contrôlent nos actions. Rappelez vous que nos actions et, finalement, nos résultats sont déterminés par nos croyances.

L'industrie des moyens d'aide personnelle prospère parce que les gens cherchent des façons de surmonter ce qui fait obstacle à leur succès pour pouvoir transformer leurs vies et atteindre leur plein potentiel. Nous cherchons tous la formule magique qui nous permettra de sortir de notre routine.

Intuitivement, j'ai toujours su qu'il y avait une forte relation entre croyance et action. Mes expériences dans l'Amérique des affaires, et les relations entretenues avec mes clients en conseil, à elles seules, ont suffit à renforcer cette conviction. Vous devez croire en vos possibilités avant même que vous ne puissiez atteindre votre but. Ma croyance sous-jacente, celle que je peut créer ma propre réalité, m'a permis d'atteindre des buts que bien peu de gens que j'ai connu dans ma vie n'auraient pu même concevoir et encore moins réaliser. Et à mi-chemin de l'existence, j'ai encore, à quelque chose près, une trentaine d'années pour créer une réalité encore différente de celle que j'expérimente aujourd'hui. Ceci est également vrai pour chacun d'entre vous qui lisez ce livre. Vous obtenez ce sur quoi vous vous concentrez, et ceci est, finalement, déterminé par vos croyances.

En effectuant les recherches pour ce livre, plus j'en apprenais sur la relation entre croyances et actions (ou manque d'actions), plus je devenais convaincue que la clé pour libérer notre potentiel réside dans notre capacité à changer nos croyances.

Ré-Entrainez Votre Cerveau • 47

Ceci inclut d'abandonner des croyances qui ne nous servent plus. Cela inclut aussi de remplacer ces croyances par celles qui favoriseront notre croissance et notre développement, dans tout domaine de la vie, quel que soit nos choix.

Au cours de ces dernières années, on a porté beaucoup d'attention au concept de changement des structures de croyances, de façon à ce que vous puissiez vivre une vie meilleure. C'est l'un des prémisses sur lesquelles se base la profession de conseiller. C'est aussi une croyance commune aux émissions télévisées traitant de croissance personnelle, telle que celle d' Oprah Winfrey.

De nombreux auteurs ont écrit sur la force des croyances permettant de donner forme à notre vie. Les ouvrages qui me viennent directement à l'esprit sont ceux du docteur Phil Shaw : " Vous le verrez quand vous y croirez", d'Anthony Robbins : " Éveillez le géant en vous", et de Marty Lefkoe : " Recréez votre vie. " Il y a aussi une quantité d'études menées sur ce sujet dans la communauté médicale. La connexion entre l'esprit et le corps est de façon constante un des cibles principales des études de pointe.

La théorie de base est que peu importe à quel point vous êtes engagés dans l'accomplissement d'un but, vous le saboteriez vous-mêmes plutôt que de faire quelque chose à l'encontre de votre système de valeurs. En fait, notre système de valeurs est dans bien des cas inconscient, et même si nous ne pouvons pas être conscients de nos croyances, nous agissons en conformité avec elles. Dès lors, changer ces croyances qui nous empêchent de progresser est un prérequis nécessaire au succès.

Croyances énergisantes contre croyances paralysantes

C'est notre système de croyances qui, finalement, détermine le cours de nos vies. Dans une large mesure, la qualité du succès que nous obtenons dépend de ce que nous croyons pouvoir accomplir. Certaines croyances sont énergisantes, elles renforcent nos convictions et nous poussent à agir dans la direction que nous voulons.

D'autres sont limitatives, elles nous retiennent et nous affaiblissent.

Dans l'ouvrage classique d'Anthony Robbins : " Réveillez le géant au dedans de vous", l'auteur déclare que les croyances ont le terrible potentiel de créer ou de détruire. Apprenez à choisir les croyances qui vous énergisent et créez-vous des convictions qui vous mettront sur la voie de votre destinée.

Ces croyances qui sont des stratégies de survie

Que nous le réalisions ou non, nous élaborons tous des croyances qui sont, en fait, de vraies stratégies de survie. Beaucoup de psychologues appellent ce phénomène le conditionnement. Nos stratégies de survie nous aident à fonctionner dans le monde tel que nous le voyons. Le psychologue Marty Lefkoe dans son livre : " Créez votre vie", postule que les stratégies de survie sont basées sur les observations de la personne sur ce qu'il faut pour se sentir bien dans sa peau, importante, valorisée, ou simplement capable de négocier avec la vie. Il conclut que ces croyances stratégiques de survie expliquent pourquoi les thérapies conçues seulement pour améliorer notre amour-propre produisent rarement des changements profonds et durables dans la vie des gens. Pour réaliser un changement fondamental dans la vie, il vous faut changer vos conditionnements et croyances stratégiques de survie.

En m'utilisant comme exemple, j'ai développé des stratégies de survie qui m'ont permis de fonctionner et de rencontrer du succès, moi, femme noire, dans l'univers dominé par les hommes de l'industrie aérospatiale. Dans cet environnement, il y avait quotidiennement des messages ouverts ou couverts comme quoi je n'étais pas à ma place. Ma façon de survivre et de surmonter les obstacles auxquels j'avais a faire face était de développer des croyances stratégiques de survie me permettant de traiter avec les réalités de mon environnement professionnel et de, en dépit de tout cela, me sentir bien dans ma peau et d'apprécier mes réalisations.

Les croyances stratégiques qui m'avaient aidé à réussir dans l'industrie aérospatiale, ne me servaient plus quand j'ai fait mon changement hors de cet environnement vers celui du monde de l'entreprenariat, de l'entraînement, des conférences, et de l'écriture. Comme entrepreneur, j'avais à développer un nouvel ensemble de stratégies de survie.

En fait, cette transition exigeait des changements majeurs dans mes pensées et mes habitudes pour pouvoir fonctionner plus efficacement dans cette phase suivante de ma vie. Par exemple, je ne pouvais plus attendre de chèques sur une base régulière. Il me fallait apprendre à mettre mes services sur le marché de la concurrence, à reconnaître les opportunités et à attirer clients et consommateurs. J'avais à définir de nouvelles façons d'interagir avec le monde.

Il y a eu cependant un effet de vagues que je n'avais pas anticipé. En effet, définir de nouveaux modes d'interaction avec le monde se réalise par essais et erreurs. Et certaines de ces erreurs ont été douloureuses. Tandis que, d'une part, je développais de nouvelles façons d'interagir dans un secteur de ma vie, je découvrais que, d'autre part, certaines relations stables, bien établies, et efficaces jusque là se trouvaient affectées de façon nuisible. J'ai appris à la dure que tout changement effectué dans un secteur de notre vie en affectait d'autres d'une façon que vous ne pouvez anticiper.

Tout changement en vous affecte vos relations avec les gens faisant partie de votre vie. Les personnes importantes dans votre vie ont une vision établie de qui vous êtes et de la façon dont vous devriez vous comporter. Quand vous déviez de cette optique, vous vous exposez à des conflits potentiels à un moment où, justement, vous êtes émotionnellement instable et incapable de les gérer efficacement. Ce phénomène est une des raisons pour lesquelles les gens sabotent leur succès et décident de maintenir le statut quo. Cela demande du travail et des trésors de communication pour maintenir vos relations intactes tandis que vous changez. Je peux cependant témoigner que cela en vaut la peine. Cela m'a demandé beaucoup d'ingéniosité pour garder intacts des secteurs de ma vie qui fonctionnaient bien avant mon grand changement.

Hum.., maintenir des relations significatives en période de changement, tout un sujet pour mon prochain livre.

Vos pensées

Nos pensées ont le pouvoir de nous propulser de l'avant ou de nous retenir en arrière. Changer une simple pensée peut avoir un impact significatif sur nos résultats finaux. Les pensées sont comme des aimants attirant à vous ce à quoi vous pensez le plus. Non pas ce que vous désirez le plus, mais ce à quoi vous pensez le plus. Ainsi pensez à ce que vous voulez qui se produise dans votre vie, et non pas à ce que vous ne voulez pas.

Qu'est-ce qui arrive quand vous vous concentrez sur ce que vous ne voulez pas ? Vous en attirez d'autant plus. En accord avec la loi de l'attraction, vous attirez dans votre vie tout ce à quoi vous accordez votre attention, votre concentration et votre énergie, que ce soit désiré ou non.

Par exemple, je me suis toujours vue comme quelqu'un qui résout les problèmes, je suis réellement bonne dans ce domaine. Durant ma carrière dans l'industrie aérospatiale un de mes rôles était de régler les disfonctionnements qui survenaient dans mon organisation.

Ainsi, devinez ce qui continua à se présenter? Encore d'avantage de problèmes à résoudre!

C'était comme si aussitôt que je résolvais un conflit par ici, ou éteignais un feu ailleurs, un nouveau défi faisait surface. Mon esprit restait focalisé sur des problèmes, et c'est des problèmes que je recevais en retour. Désormais, dans la mesure du possible, je me concentre sur ce que je veux qui m'arrive de positif dans la vie.

Cette loi de l'attraction vaut pour l'argent, l'amour, et toute autre chose que vous pourriez désirer. Dans tous les cas vous attirez à vous ce a quoi vous pensez, ce sur quoi vous vous focalisez, ce dans quoi vous dépensez votre énergie, ce dans quoi vous vous investissez. Ainsi, si vous voulez de l'amour, élaborez des pensées aimantes. Si vous désirez de l'argent, pensez en termes d'abondance. Concentrez-vous sur ce que vous voulez et arrêtez de le faire sur ce que vous ne voulez pas. Je ne suis pas assez naïve pour penser que "l'attraction" va changer votre vie et je sais que vous ne l'êtes pas non plus.

Ré-Entrainez Votre Cerveau • 55

Le fait est que la loi de l'attraction a de la puissance. Et la concentration combinée avec l'action a le potentiel de changer votre vie.

Quand vous changerez vos pensées sur vous-mêmes et vos possibilités, vous attirerez les forces nécessaires pour changer vos pensées et idées en expériences réellement vécues. Avant de créer quoi que ce soit dans le monde physique, vous devrez au préalable avoir une pensée. Vous contrôlerez et déterminerez votre futur par les pensées que vous formulez dans le présent.

Exercice

Prenez votre carnet de notes et rassemblez autant de pensées énergisantes que vous pouvez en imaginer en cinq minutes. Encerclez les trois pensées les plus énergisantes de votre liste. En quoi vous énergisant-t-elles ? Comment vous aident-t-elles dans votre vie ? Notez vos réponses dans votre journal.

Ensuite, notez toutes les croyances limitatives que vous pouvez imaginer. Encerclez les trois croyances les plus limitatives de votre liste. Interrogez-vous sur le coût que représente le maintien de ces croyances. Notez vos réponses. Décidez de ne plus payer le prix que ces croyances limitatives extorquent dans votre vie. Finalement identifiez les croyances énergisantes à substituer aux croyances limitatives que vous voulez éliminer. Notez celles-ci dans votre journal.

Le but de cet exercice est de vous fournir un mécanisme pour remplacer ces croyances limitatives par de plus nombreuses croyances énergisantes. Si vous prenez conscience et devenez convaincus que vous pouvez modifier l'interprétation émotive de votre vécu, vous pouvez changer vos actions. Changer vos actions provoquera des changements dans vos résultats.

La passion secoue l'esprit, infuse la vie. C'est le lien intrépide, impétueux, entier, entre vous-même, une chose, une idée, un talent ou une autre personne.

-- Anonyme

CHAPITRE CINQ

Découvrez votre passion et votre raison d'être

Chacun de nous a une finalité dans la vie...un don unique ou un talent spécial à offrir aux autres.

--Deepak Chopra

Perdez vous parfois toute notion du temps qui passe tant vous êtes absorbés par ce que vous faites ? S'il en est ainsi, c'est que vous faites ce à quoi vous étiez destinés; c'est que vous êtes en train de vivre votre passion. La passion donne une raison de continuer quand le chemin devient difficile. La raison d'être avive l'esprit, créant l'énergie et l'élan. Passion et raison d'être agissent de concert pour nous permettre de libérer une puissance sans entraves, projetant nos vies vers nos rêves à un rythme accéléré.

Le problème est que la plupart d'entre nous ne vivent pas leur passion. En fait, dans bien des cas, nous n'avons même pas la moindre idée de ce qui pourrait nous passionner. Nous sommes tellement occupés à seulement faire passer la journée qu'il ne nous reste ni temps ni énergie pour déterminer ce que sont nos passions et encore moins pour les poursuivre efficacement. Découvrir vos passions et trouver votre raison d'être demande du temps et beaucoup d'introspection.

Ce chapitre vous fournit justement les questions à vous poser et les stratégies à établir pour les définir. Pour retirer le maximum du matériel présenté, je vous recommande de tenir à jour un journal. Tandis que vous avancerez dans la matière donnée, enregistrez vos réponses aux questions posées, et notez ce que vous pensez. Ce processus peut vous aider à gagner en clarté tandis que vous vous efforcerez de découvrir votre passion et votre raison d'être.

Découvrez votre passion

Pour découvrir votre passion, vous devez identifier où vous en êtes actuellement, vous rappeler ce que vous désiriez être, et décider qui vous pourriez devenir. La vie est sujette à ré-interprétation et révision. Vous avez à decider comment vous voulez passer vos jours, parce que, en fin de compte, c'est comme cela que vous aurez vécu votre vie.

Qui êtes-vous présentement ?
Pour commencer à avoir une idée de qui vous êtes aujourd'hui, répondez aux questions suivantes :

Vos passions -- Qu'aimez-vous faire ?
1- Quelles sont les activités qui vous donnent le plus de satisfaction ?
2- Que trouvez-vous d'excitant dans la vie ?
3- Quelle est votre ambition secrète ?
4- Quels sont vos passe-temps ?

Vos talents -- Ce dans quoi vous excellez.
1- Que faites-vous mieux que quiconque d'autre ?
2- En quoi les autres gens vous ont-t-il dit que vous étiez réellement bon ?
3- En quoi avez-vous excellé dans le passé ?
4- En quoi avez-vous rencontré du succès ?
5- Quelles sont vos forces majeures ?

Vos valeurs -- Qu'est-ce qui est important pour vous ?
 1- Que feriez-vous si l'argent n'était pas un obstacle ?
 2- Que pouvez-vous supporter ? Que ne supporterez-vous pas ?
 3- Pour quoi voudriez-vous risquer votre vie ?
 4- S'il ne vous restait qu'une année à vivre, comment passeriez-vous votre temps ?
 5- Quelles sont les valeurs qui guident votre vie quotidienne ?

Votre destinée -- Ce qu'en naissant vous étiez destiné à faire.
 1- Quelle est votre vraie mission dans la vie ?
 2- Quelle est la divine raison d'être de votre existence ?
 3- Quelles sont les occasions uniques qui ont été placées sur votre route ?
 4- Où pouvez-vous faire une différence ?
 5- Quelle est votre finalité ?

Rappelez-vous de qui vous vouliez devenir.:

 Tandis que nous grandissons, vieillissons, et du seul fait de vivre, notre perception de qui nous sommes et

Découvrez Votre Passion et Votre Raison d'Être • 63

de ce que nous voulons, change. Les rêves de notre jeunesse ne sont plus nécessairement les mêmes que ceux que nous nourrissons actuellement (si toutefois vous rêvez encore). Cependant, ce que nous voulions être contient des indices de nos passions actuelles. Répondez aux questions suivantes et notez-en les réponses dans votre journal :

> Quand vous étiez adolescent ou jeune adulte que désiriez-vous devenir plus tard ?
>
> Répondez aux questions de la section : " Qui êtes-vous pour le moment ? "

Qui désirez-vous devenir ?

Interrogez-vous sur ceci :

> À quoi ressemblera votre vie dans cinq ans si vous poursuivez votre cheminement actuel ?
>
> Est-ce le futur dont vous rêvez ? Si non, que faites-vous pour changer de direction ?
>
> Que signifie pour vous « réussir votre vie » ?
>
> Quelles sont les étapes que vous êtes prêts à parcourir afin de rencontrer le succès ?

64 • Sortez de vos Sentiers Battus

Prenez maintenant quelques minutes pour considérer votre futur. Accordez-vous la permission de rêver **en grand**. Faites comme s'il n'y avait pas d'obstacles sur votre chemin. Qu'oseriez-vous rêver si vous saviez que cela deviendrait vrai ? À présent, imaginez-vous à **l'intérieur** de votre rêve. Notez dans votre journal votre vision pour chacun des points suivants :

1- Décrivez votre vision; soyez aussi précis que possible.

- Où êtes-vous ?
- Avec qui êtes-vous ?
- Où vivez-vous ?

2- Décrivez votre habitation en incluant ce que vous voyez, sentez et entendez.

Décrivez vos proches.

Décrivez votre situation financière.

Décrivez votre état de santé.

Décrivez votre journée parfaite.

Rappelez vous que ceci est une description de votre futur. Vous avez le pouvoir de changer ce rêve en réalité.

Découvrez Votre Passion et Votre Raison d'Être • 65

En utilisant les stratégies de ce livre, vous pouvez créer un merveilleux nouveau chapitre de votre vie.

Votre raison d'être

Tel que mentionné plus tôt, notre raison d'être est la flamme qui anime notre esprit. Les gens qui vivent leur vie avec passion et raison d'être adorent généralement ce qu'ils font. Ils aiment également où, avec qui, et pour qui, ils le font. Ils sont en meilleure santé et ont des relations plus épanouissantes. Le classique de Leider et Shapiro, " Refaites votre sac ", contient une formule décrivant très justement une vie vécue avec passion et en accord avec sa finalité, et c'est : *(Talents + passion + environnement) x vision = un style de vie riche en raison d'être.*

En accord avec Leider et Shapiro, votre finalité n'est pas quelque chose que vous avez à inventer, c'est quelque chose que vous découvrirez. Vous pouvez ne pas en être conscient, ou être incapable de la nommer, mais elle est déjà là. Le processus détaillé dans la section précédente parcourt le long chemin vous aidant à découvrir votre passion et votre finalité. Et quand vous la découvrirez, vous réaliserez qu'elle avait été là tout au long du parcours.

Cela peut vous demander un certain temps pour découvrir votre finalité. Malheureusement, pour beaucoup d'entre nous, cela provoque une crise de découvrir, ou redécouvrir, notre finalité. Cependant, vous n'avez pas à attendre la crise pour commencer à entreprendre les changements qui vont transformer votre vie. Les questions sur vos passions peuvent aussi vous aider à découvrir votre destinée. Les réponses à ces questions devraient être notées dans votre journal (en assumant que vous ayez réellement répondu aux questions), si non, faites le maintenant !

Établissez la définition de votre finalité personnelle

Une technique que j'ai trouvée utile dans mon travail de conseillère auprès de mes clients consistait à leur faire formuler une définition de leur finalité personnelle. En parcourant mes notes de recherche pour ce livre, j'ai découvert qu'une des meilleures formules pour définir votre finalité personnelle venait du livre de

Découvrez Votre Passion et Votre Raison d'Être • 67

Leider et Shapiro mentionné précédemment. Dans ce livre, ils proposent que la définition de notre finalité réponde à ces trois questions :

- Quels sont vos talents ?
- Qu'est-ce qui vous passionne ?
- Quel est le milieu que vous ressentez comme le plus naturel pour vous ?

Consignez les réponses à ces trois questions dans votre journal.

Illustration

Pour illustrer ce processus de définition de votre raison d'être, j'aimerais partager avec vous la définition de ma propre finalité (elle change d'ailleurs à mesure que j'apprends et croît). Voici mes réponses aux questions posées précédemment:

Question 1:
Quels sont vos talents ?
Je suis une enseignante-née, une facilitatrice, et une conseillère douée d'une grande intuition.

Question 2:
Qu'est-ce qui vous passionne ?

Ma passion est d'aider les individus et les organisations à sortir de leur routine et à atteindre la pleine mesure de leur potentiel.

Question 3:
Quel est le milieu dans lequel vous vous sentez le plus à l'aise ? Autrement dit, dans quelle situation suis-je la plus confortable pour exprimer mes talents ?

Je me sens à l'aise quand je m'exprime en écrivant, lors d'allocutions s'adressant à de grands groupes et lors d'ateliers de facilitation et de séminaires.

La définition de ma finalité:

Ma finalité dans la vie est d'utiliser mes talents pour l'écriture, la parole, et le conseil pour aider les individus et les organisations à sortir de leurs sentiers battus et à atteindre leur plein potentiel.

Découvrez Votre Passion et Votre Raison d'Être

Exercice

Maintenant c'est votre tour !

En utilisant mon exemple comme modèle et vos réponses aux trois questions, définissez votre finalité.

Écrivez-la en gros caractères et affichez-la bien en vue de manière à la garder toujours à l'esprit.

Les bons plans donnent forme aux bonnes décisions. C'est pourquoi une bonne planification aide à concrétiser des rêves intangibles.
--Lester R. Bittel

CHAPITRE SIX

Développez votre plan d'action

Un pas dans la bonne direction vaut cent ans de tergiversations à son sujet. —T. Harve Eker

Sortir de vos sentiers battus requiert une planification de votre action. Une des spécificité des gens à succès est qu'ils se concentrent uniquement sur les objectifs qu'ils valorisent et qu'ils élaborent des plans d'action pour les mener à terme. Votre plan d'action peut changer avec le temps à mesure que vous obtenez de nouvelles informations ou acquériez de nouvelles perspectives. Votre but lui-même peut tout aussi bien changer. À mesure que vous obtenez plus de données vous pouvez décider d'une nouvelle orientation. C'est normal. Vous avez besoin d'un point de départ. Échauffez votre musculature décisionnelle, choisissez un but, élaborez un plan d'action et mettez le en opération.

Si vous continuez de faire ce que vous avez toujours fait, vous ne continuerez d'obtenir que ce que vous avez toujours obtenu.

72 • Sortez de vos Sentiers Battus

Si vous voulez changer votre vie, il vous faut passer à l'action. Ce chapitre est justement consacré à vous aider à élaborer un plan d'action.

Et un plan d'action bien conçu répond aux questions suivantes :

- Où suis-je maintenant ?
- Où m'en vais-je ?
- Que dois-je faire pour y parvenir ?
- Quel itinéraire dois-je emprunter pour y arriver ?
- Comment puis-je me récompenser de mes progrès aux étapes-clé ?

Les plans qui fonctionnent bien ont plusieurs caractéristiques communes :
- Ils sont objectifs.
- Ils sont concentrés sur le futur.
- Ils sont simples tout en étant complets.
- Ils sont flexibles de façon à pouvoir évoluer si les circonstances le nécessitent.

Deux méthodes pour identifier les actions à intégrer dans votre planification me viennent immédiatement à l'esprit :

la méthode consistant à se creuser les méninges et celle dite « rétrospective ».

Se creuser les méninges

Cette méthode exige que l'on se pose la question : « Que se passerait-il si …? » Pensez à tous les obstacles, tous les défis, toutes les opportunités que vous pourriez rencontrer. Imaginez-vous négociant avec succès chacun d'entre eux. Visualisez votre plan. Notez-en les étapes par écrit. Commencez à les concrétiser.

La méthode rétrospective

Visualisez votre but. Imaginez que vous l'ayez déjà atteint. Prétendez ensuite que de cette réalisation vous faites une analyse rétrospective pour identifier les étapes qui vous ont permis d'en arriver jusque là. Demandez-vous quelles ont été vos dernières actions avant d'atteindre votre objectif. Identifiez ensuite la toute dernière démarche entreprise avant de réussir. Interrogez-vous finalement sur ce qui vous a amené à cette ultime étape. Procédez ainsi rétrospectivement jusqu'au moment où vous parvenez là où vous en êtes actuellement.

Parcourez autant d'étapes que vous le pouvez. Commencez alors à concrétiser la première d'entre elle (en partant de votre situation actuelle). À mesure que vous réalisez chacune de vos étapes, revoyez votre plan d'ensemble. Faites des ajustements si nécessaire, mais continuez à aller de l'avant.

Évaluez vos progrès

Il est nécessaire d'évaluer vos performances sur le chemin qui vous mène à la réalisation de vos buts. Posez-vous les questions suivantes :

- Quels sont mes critères de succès ?

- Dans quelle mesure mes résultats rencontrent-ils les objectifs que j'ai établi?

C'est important de savoir quand continuer, changer de direction, arrêter, ou essayer quelque chose de nouveau. Mesurez vos progrès. Quand vous vous déplacez le long du chemin vers le succès, vous pouvez rencontrer des obstacles. Vous pouvez aussi découvrir que la direction que vous avez prise n'est plus celle que vous vouliez prendre. Ne craignez pas de changer d'orientation quand c'est devenu nécessaire. Réévaluez votre position périodiquement. Changez de direction quand il y a lieu. Trouvez-vous des façons de vous récompenser pour vos efforts le long du parcours. Il y a de nombreux espaces de stationnement attrayants le long de la route vers le succès. Mais ne stationnez pas dans un virage. Terminez la course !

Vos buts

Vous traduisez vos rêves en réalités concrètes en en faisant des objectifs. Décidez de ce que vous voulez. Mettez vos objectifs par écrit. Il y a quelque chose dans le fait d'écrire vos objectifs qui les rend plus concrets. Je ne peux pas vous expliquer pourquoi mais cela marche. C'est comme si notre subconscient commençait à identifier des façons de changer nos rêves en réalités. Concrètement, tenez à jour un journal de vos objectifs. Inscrivez-y tous les buts que vous voudriez accomplir. Faites des ajouts aussi souvent qu'il vous plaira. Relisez votre journal régulièrement. Établissez un échéancier pour chacun de vos objectifs. Déterminez aussi si l'échéancier ou les étapes de réalisation que vous avez sélectionnées ne constituent pas un pari difficile à tenir. Cela vous aidera à garder l'esprit concentré sur ce que vous voulez et sur ce que vous avez entrepris de réaliser.

Ne pensez pas à vos buts mais pensez *à partir* de vos buts. Qu'est-ce que je veux dire par là ? Visualisez vous comme ayant déjà atteint vos objectifs : où vivez-vous ? Avec qui êtes-vous ? Quelle est la vue que vous avez de la fenêtre de votre bureau ou de votre salon ? Pensez à partir de cet endroit, c'est ce qui compte le plus. Croyez moi, si vous pensez à partir de là, cette vision vous donnera du pouvoir !

Ainsi, je me rappelle la première fois que j'ai pu regarder par la fenêtre d'un des grands immeubles d'Affaires de Century City à Los Angeles. J'ai tout de suite su que c'était là que je voulais qu'un jour se situent les bureaux de ma compagnie. Suffisamment haut pour que je puisse admirer les montagnes et contempler les gratte-ciels.

Et c'est cette vision qui me donna l'impulsion dont j'avais besoin pour chercher à brasser ce plus d'affaires qui me donnerait les moyens de me payer cet emplacement dont j'avais envie. Je me voyais là chaque fois que j'étais en affaires ou que je rencontrais un client potentiel.

A vous maintenant ! Qu'est-ce qui vous inspire ? Que désirez-vous faire? Quelle est la vision du futur qui vous donne l'impulsion nécessaire pour vous y mener et rendre le rêve possible ?

Il faut toujours vous poser ces deux questions si vous voulez transformer l'échec en succès :

« Qu'ai-je bien fait? »

« Que ferais-je différemment? »

L'aptitude est ce que vous êtes capable de faire. La motivation détermine ce que vous faites. L'Attitude détermine comment vous le faites.

     --Lou Holtz.

CHAPITRE SEPT

"Walk-the-Walk and Talk-The Talk", se mettre dans les chaussures du succès.

Tout ce qu'il faut pour briser le mauvais sort de l'inertie et de la frustration c'est d'agir comme s'il était impossible d'échouer.

-- Dorothea Brandle

Faire le premier pas de n'importe quel voyage peut être le plus difficile. On veut commencer au bon moment, ou au bon endroit, ou dans les meilleures conditions possibles. Et l'on ne voit généralement ces circonstances favorables comme ne pouvant être réunies que quelque part dans le futur, mais jamais maintenant. Vue cette tendance il n'est pas surprenant que beaucoup d'entre nous ne débutent jamais leur voyage et qu'ils, par conséquent, n'atteignent jamais leur plein potentiel.

Le but de ce chapitre est de vous aider à vous décider à l'action. Il y a un dicton que j'aimerais partager avec vous parce qu'il suscite une image qui m'aide bien, personnellement, à garder ma motivation quand je me sens bloquée. J'utilise ce proverbe pour me faire repartir en avant : « Pour beaucoup de gens la vie c'est la recherche d'un cocon confortable dans laquelle se blottir ». L'idée de me retrouver coincée dans un cocon étroit ne correspond pas à ma conception du succès. Et, si vous êtes parvenus à ce chapitre de mon livre, je présume que ce n'est pas la votre non plus.

Je veux vivre à la limite supérieure de mon potentiel, non derrière la ligne de mon confort et de ma sécurité. Et vous ? Voulez-vous vivre au maximum de votre potentiel et vous créer une vie riche et satisfaisante ? Ou préférez-vous vivre caché derrière la ligne du confort, jouer la sécurité et ne jamais accéder à votre plein potentiel ? Le choix est votre.

S'engager dans n'importe quel chemin qui ne vous est pas familier implique que vous vouliez sortir de votre confortable cocon. S'engager en terrain inconnu vous met en danger d'échouer. La peur d'échouer a paralysé beaucoup de gens, les a rendu incapables de progresser.

Walk-The-Walk and Talk-The-Talk

Mais gardez à l'esprit que de ne pas risquer l'échec et une façon de s'en assurer. Vous devez sentir la peur et néanmoins continuer. Rappelez-vous que si vous ne vous contentez de faire que ce que vous avez toujours fait, vous n'obtiendrez jamais que les résultats que vous avez toujours obtenus.

Pour emprunter de nouvelles directions, vous devez désapprendre l'ancienne route, vous débarrasser de comportements qui ne vous sont plus utiles et apprendre de nouvelles façons d'être. Mettez-vous dans les chaussures du succès, parlez-en le discours, concentrez-vous sur votre changement de comportement (sortez de vos sentiers battus). Dans ce chapitre, nous allons introduire les concepts de vision et d'actualisation comme mécanismes de ré-entraînement de votre cerveau à penser différemment votre vie et votre potentiel.

Changer juste un de vos comportements peut être le catalyseur qui vous propulsera vers de nouveaux niveaux de succès. Utiliser les techniques décrites dans ce chapitre peut vous aider à changer votre attitude en :

4. Accroissant votre niveau de prise de conscience
5. Augmentant votre entendement pratique de ce qui vous entoure
6. Accroissant votre capacité à prendre de bonnes décisions basées sur la connaissance des faits.

Se mettre dans la peau et l'esprit de la personne que vous voulez devenir signifie penser et agir de nouvelle manière dans le but unique de vous faire aller de l'avant. Les idées véhiculées dans ce chapitre ne sont pas nouvelles. Intuitivement, nous savons tous que nous devons être capables de nous dépeindre nous-même comme faisant, étant et possédant ce que nous voulons avant même que nous ne puissions le mener à bien. Comme il a été mentionné précédemment, des études de psychologie ont montré que notre subconscient ne peut dire la différence entre ce que nous imaginons et la réalité.

Par conséquent, nous avons la capacité d'entraîner notre cerveau à accepter une nouvelle réalité, dans la plupart des cas, avant même de la vivre réellement.

Visualisation et réalisation (actualisation)

Nous connaissons tous les dictons suivants « Prétends l'avoir fait avant d'y arriver » et « Agis avec confiance avant même de te sentir en confiance ».

J'aimerais rajouter un autre proverbe qui, je pense, est très approprié dans ce contexte. Le proverbe dit : « Pratique le futur ». Vous le pratiquerez en vous visualisant de manière vivante en train d'accomplir votre but – visualisation- et en agissant comme si vous l'aviez déjà obtenu – la réalisation.

La visualisation vous aide à renforcer votre résolution à atteindre vos buts. Si vous y croyez, alors vous pouvez y arriver. Une visualisation vivante fait appel à tous vos sens. Vous ne vous voyez pas seulement ayant atteint votre objectif, mais vous développez également une image mentale d'où vous êtes, de qui est avec vous à ce moment là. Vous êtes également conscient des images, sons et odeurs associées à cette réussite. Un exemple peut vous rendre le concept plus clair.

Disons que vous voulez vous acheter une nouvelle maison. Visualisez précisément la maison. Combien de pièces a-t-elle ? Quelle est la couleur des murs de chaque pièce ? Comment chacune d'elle est-elle meublée. Qui y vit avec vous ? Que voyez vous par la fenêtre du salon ? Quelle odeurs proviennent de la cuisine ? Rendez votre vision aussi réaliste et vivante que possible. Prenez conscience de la maison de l'intérieur. Écrivez-en les détails dans votre journal. Revisitez cette vision régulièrement. Être capable de vous voir dans la maison vous aide à vous motiver consciemment et inconsciemment à trouver les moyens de faire du rêve une réalité.

La réalisation vous aide à pratiquer votre futur. À chaque fois que nous assumons un nouveau rôle, nous avons à nous figurer ce qui est attendu de nous. Comment remplirons-nous le rôle qui nous est assigné ?

Nous manquerons peut-être de confiance dans nos capacités à faire ce qui est attendu de nous. Une des règles d'or est d'agir de manière assurée avant même de se sentir sûr de soi. Si vous agissez de manière assurée, avec le temps, votre cerveau reçoit le message et votre confiance en vous grandit.

À propos et en aparté, les hommes sont plus forts à la réalisation-anticipation que les femmes. Les hommes n'ont pas de problèmes avec les PaF. Que sont les PaF ? Ce sont les Paris Fous, les décisions irrationnelles. Les hommes vont parier et agir réellement avec confiance, tandis que les femmes ont la tendance de vouloir avoir toutes les réponses avant d'agir. Je sais que j'ai été coupable de cela. À mon avis, c'est une qualité que les femmes dans les affaires doivent acquérir. Être capable d'agir avec confiance, même quand vous ne l'êtes pas, vous met, paradoxalement, en confiance plus rapidement.

Quel est votre rêve ? Qu'anticipez-vous de faire pour conserver votre rêve vivant ? Quelles étapes pouvez-vous établir pour actualiser votre rêve et pratiquer le futur ?

86 • Sortez de vos Sentiers Battus

Voici un truc. Quand vous commencerez votre voyage vers le succès, concentrez vos premiers efforts à achever quelques premiers petits succès rapides. Utilisez ces premiers succès pour instaurer votre confiance et poursuivre vers d'autres étapes. Rappelez-vous que beaucoup de petites étapes vous ont déjà amené là où vous êtes maintenant. Continuez, un pas après l'autre. Gardez la vision de votre succès vivante à l'esprit. Agissez comme si vous aviez déjà atteint votre but. Trouvez, enfin, un moyen de célébrer chaque succès.

De la nourriture pour l'esprit.

Quand Strom Thurmond, le vétéran américain de la politique le plus longtemps élu, tant au parti républicain qu'au sénat des États-Unis, approcha de son 100ème anniversaire, un reporter lui posa une question. La question était de savoir ce qu'il estimait être le plus grand avantage à devenir centenaire. Le sénateur a réfléchi un moment puis a répondu, « Il y a très peu de pression de la part de mes pairs ». Il semble que même la pression des pairs, l'explication favorite donnée au comportement des jeunes gens, puisse être dépassée si l'on vit assez longtemps.

Maslow, dans sa hiérarchie des besoins, dit qu'il y a 5 niveaux à atteindre avant qu'une personne ne puisse atteindre le sommet d'elle-même, ce que l'on a appelé son auto-réalisation. Intrinsèquement, on a besoin d'avoir ces éléments en équilibre. A la base de cette pyramide, on a besoin de sentir que notre survie n'est pas remise en question. Nos besoins en nourriture, abri, vêtements, et autres nécessités de la vie sont bien remplis. Ensuite, on a besoin de se sentir en sécurité dans notre environnement. L'Homme, animal social, a ce besoin de se sentir accepté par le groupe, d'être reconnu et de réussir. La quatrième étape a à voir avec l'estime de soi. Sur cette base repose l'ultime degré de succès personnel, professionnel, ou autre, de la pyramide. C'est le point d'auto réalisation, le point d'achèvement. C'est une chose que tout le monde vit sans se poser de questions.

Cela m'amène à ce que j'ai nommé la théorie des extrêmes de Jovita.

Cette théorie affirme que ce n'est pas là où vous en êtes sur le spectre de la vie qui compte. Ce qui compte c'est ce que vous en faites. Laissez-moi vous donner un exemple de ce que j'entends par la théorie des extrêmes. On a bien sur vu des génies issus de familles monoparentales, pauvres, appartenant des minorités, émerger. De l'autre côté on a connu, des escrocs, des criminels, des psychopathes etc., tous issus de milieux apparemment idéaux. La couche de la société dans laquelle on est né ne prédestine pas forcément la personne.

Voilà, nous avons parlé de toute sortes de choses que j'appellerais les ingrédients de nos vies qui ont donné donne ce gumbo, cette recette, que nous sommes devenus. Que faisons-nous avec tout cela ? Nous avons parlé des choses qui nous définissent et qui interfèrent avec nous – nos croyances, nos tergiversations, et nos faiblesses. Ce que nous avons appris, c'est que, quoique nous voulions devenir, nous devons nous voir comme ayant réussi. Sentez la réussite, vivez- la, goûtez-la, désirez-la. C'est pure folie que de sous-estimer le pouvoir

Walk-The-Walk and Talk-The-Talk • 89

de la passion et du désir d'achever un but ou à atteindre un objectif. Ce dont on a besoin est ce que j'appelle le CSPAN, qui est une étude, un plan, un geste de succès-modèle. Et, l'acronyme CSPAN signifie :

C-prendre Conscience
Identifiez un trait, une habitude, un aspect de votre vie que vous voulez changer. Nier n'est plus une option valable.

S- Savoir, savoir quoi étudier, enquêter, explorer
Identifiez de nouvelles possibilités et des actions alternatives.

P- Planifier
Développez un plan d'action pour préparer le changement désiré.

A- Agir
Mise en œuvre / Modification de certaines étapes si le plan conçu n'est pas approprié.

N- Nouveau chapitre
Vivre une vie plus remplie, satisfaisante et joyeuse.

*TEAM est un acronyme signifiant :
Tous Ensemble on Accomplit des Miracles.*

-- Mark Victor Hansen

CHAPITRE HUIT

Développer l' Équipe du Rêve.

Vous pouvez accomplir n'importe quoi avec un rêve, un plan, et une équipe.

-- Jovita Jenkins.

Personne ne réussit tout seul. Avoir la bonne équipe peut faire la différence entre un franc succès et un lamentable échec. Mais ne prenez pas mon mot au pied de la lettre. Un des livres les plus lus de tous les temps est le « Pensez et devenez riche» de Napoleon Hill. Si vous n'avez pas encore eu la chance de lire ce livre, saisissez-la. Dans ce livre il expose 15 principes que les personnes à succès ont en commun. Cinq de ces principes sont particulièrement adaptés à «Sortez de vos sentiers battus» :

0. Vous devez avoir un ardent désir de réussir
1. Vous devez avoir la foi
2. Vous devez développer un plan d'action
3. La détermination doit devenir votre seconde nature
4. Vous devez vous entourer d'une équipe d'experts

Ce chapitre développe le concept de l'équipe d'experts. Suivant Hill, son génie est défini comme : « la coordination des connaissances et de l'effort, dans un esprit d'harmonie, entre deux ou plusieurs personnes, portés vers l'accomplissement d'un but commun ». Dans ce texte il expose qu'un plus un font onze, pas deux. Ainsi, dans ce classique, Napoleon Hill a l'originalité d'être le premier à employer le mot de « dream team », l'équipe de rêve, l'équipe du rêve.

Qu'est-ce qu'une équipe du rêve ?

Une équipe du rêve est un groupe de personnes animé d'un même esprit, orienté vers le succès, concentré sur l'aide à apporter aux autres membres du groupe pour qu'ils puissent atteindre leurs objectifs personnels et collectifs. Avec le bon rêve et la bonne équipe vous pouvez tout réussir. Une merveilleuse description de l'équipe idéale est donnée dans le livre « Millionnaire en une minute » de Mark Victor Hansen et Robert Allen. En particulier la citation suivante : « Tous ensemble on accomplit des miracles ».

Développer l'Équipe du Rêve

Avec l'équipe idéale, vous créez une synergie d'individus – la somme des parties étant bien plus grande que le tout – travaillant ensemble, en harmonie, influant sur les capacités de tous les membres et suscitant un « pouvoir supérieur ». Si l'on suit Hill, la constitution de l'équipe du rêve a lieu quand deux individus ou plus s'associent dans un même souci d'harmonie pour atteindre un même but, un même résultat ou réaliser une même activité.

La véritable équipe du rêve peut vous aider à identifier et changer les habitudes qui pouvaient entraver votre succès. L'équipe peut identifier et fournir les ressources nécessaires pour vous aider à atteindre vos buts. J'ai moi-même donné du crédit à mon rêve en me donnant le courage de m'en sortir, en ayant la foi et en créant le prochain chapitre de ma vie en dehors de l'abri douillet offert par mon entreprise. A leur tour, chacun des membres de mon équipe de rêve sont sortis du lot, se sont créé de nouvelles réalités, réalités qui n'auraient jamais vu le jour sans l'apport et le support des autres membres de l'équipe.

Ensemble on peut créer un empire d'informations destiné à aider des individus, des équipes et des organisations à atteindre leur plein potentiel.

Les équipes du rêve peuvent également inclure des membres virtuels. Ce sont des personnes que vous admirez ou qui ont atteint des buts que vous désirez atteindre à votre tour. Ces personnes peuvent être des héros, des mentors ou même des personnages de littérature. Qui sont vos mentors, vos héros ? Qui sont les gens que vous admirez le plus ? Qu'ont accompli ces personnes qui fait que vous les respectiez tant ? Font-ils ou ont-ils fait ce que vous voulez, vous, faire ? Les réponses à ces questions peuvent vous aider à sélectionner les bons membres pour votre équipe du rêve, qui, en retour, peuvent accélérer votre ascension de où vous en êtes aujourd'hui à ce que vous voulez devenir demain.

Un bon conseiller peut avantageusement devenir membre ou servir de mentor à votre équipe du rêve. La fonction du conseiller est de vous maintenir concentré sur vos buts et aspirations, de vous aider à planifier vos stratégies de mise en œuvre et de vous responsabiliser quant à l'atteinte de vos objectifs.

Comment sélectionner les membres de l'équipe du rêve ?
Sélectionnez les membres de votre équipe du rêve avec attention. Un élément capital de succès est qu'elle doit être composée de membres ayant le même état d'esprit et une attitude positive. Soyez sûr que tous vos membres de l'équipe soient en phase avec votre vision et vos valeurs. Choisissez des personnes enthousiastes, possédant un fort potentiel et qui veulent également progresser. Évitez les personnes négatives ou sans idéal, car ils vont freiner ou entraver les progrès du groupe entier. Évitez également les individus qui n'ont pas la volonté de partager leurs ressources avec le reste du groupe.

L'équipe du rêve fonctionne comme une grande famille. Par conséquent, tous les membres du groupe déjà existant doivent accepter les nouveaux membres de manière unanime.

96 • Sortez de vos Sentiers Battus

Quand l'on pense à former une nouvelle équipe du rêve il est un nombre de questions que l'on doit poser afin de déterminer si une personne est qualifiée pour entrer dans votre groupe.

- Qui sont les gens qui restent à vos côtés dans les moments les plus difficiles ?
- Quels amis ont pris le risque de vous dire une vérité difficile à entendre avec tact et amour, simplement parce qu'ils se soucient de vous ?
- Lesquels de vos amis ont refusé de déprécier ou démolir autrui, même quand ceux-ci étaient absents ?
- Qui vous tient pour responsable de ce que vous êtes engagé à faire ?
- Avec qui vous sentez-vous absolument en sécurité ?

Nous avons tous besoin d'un soutien de quelque sorte pour transformer nos rêves en réalité. Comme il a été dit précédemment, personne ne réussit tout seul. Une puissance incroyable est libérée quand les gens oeuvrent ensemble dans un but commun.

Développer l'Équipe du Rêve • 97

Utilisez les critères décrits ci-dessus pour commencer à former votre équipe du rêve. Utilisez leur expérience pour vous aider à atteindre vos objectifs, tout en aidant à votre tour vos coéquipiers à atteindre les leurs. Et gardez toujours ceci à l'esprit: TEAM est un acronyme de « Tous Ensemble on Accomplit des Miracles ! »

PARTIE III

Vivez au bord extrême de votre potentiel, pas à l'intérieur de votre paramètre de sécurité.

-- Anonyme

CHAPITRE NEUF

Assemblez les pièces

Si vous voulez savoir ce que vous avez en travers de votre route, regardez dans votre miroir.

-- Anonyme

On a couvert une quantité incroyable de matière dans les chapitres précédents. La première partie a identifié les obstacles typiques que nous rencontrons au cours du voyage de notre vie. La deuxième partie a présenté les éléments de la prescription pour le succès de Jovita, et a fourni le raisonnement vous permettant de vous aider à Sortir de Vos Sentiers Battus. La troisième partie, qu'inaugure ce chapitre, traite très concrètement de l'application de ma prescription pour le succès. Dans ce chapitre, l'accent est mis sur la manière de rassembler toutes les pièces pour rendre la prescription efficace.

Diagnostiquer puis soigner une maladie est une belle métaphore pour décrire comment mettre ces pièces ensemble.

Dans les premiers chapitres (Première partie), nous avons peint le tableau de personnes qui rencontrent des difficultés parce qu'ils ont choisi de suivre leur propre chemin (la maladie). Les raisons à cela sont nombreuses, et pour la plupart, opèrent au niveau de l'inconscient. L'objectif a été de diagnostiquer le problème; de rendre l'invisible, visible. A cette fin, on dévoilé cette programmation sociale conçue pour nous maintenir bien sagement à notre place et accepter le programme tel-quel.

Le remède prescrit pour nous soulager du mal est la prescription pour le succès de Jovita (Deuxième partie). On a débusqué et identifié le problème et fourni l'ordonnance qui pourrait nous soulager. La dernière étape est, d'effectivement, prendre le médicament prescrit pour résoudre le problème.

Les solutions se repartissent en 3 catégories : soi-même, ses relations, sa prospérité économique. Vous devez déterminer quels sont vos principaux problèmes. Est-ce moi-même le problème ? Est-ce que mes croyances et pensées se mettent en travers de mes aspirations ?

Assemblez les pièces • 103

Est-ce à cause des relations que vous entretenez ? Celles-ci sont-elles positives ? Sinon, que dois-je faire ? Est-ce lié à mon degré de satisfaction financière ? Ai-je besoin d'une meilleure éducation, de chercher un meilleur emploi ou de changer ma manière de dépenser ou d'économiser ? Chacun de nous doit décider de ce qui est le plus important, étant donnée sa situation. Tant que vous n'en prendrez pas la décision, rien ne marchera. Une fois que vous aurez décidé par où vous allez débuter, votre potentiel de progression est illimité. Les questions que nous nous posons déterminent les priorités que nous établissons pour essayer de guérir. Les questions que nous nous poserons nous aideront à déterminer où commencer et où nous aurons le plus besoin d'aide.

Comment Sortir de Vos Sentiers Battus ? Comment reconnaître la route à prendre pour s'en sortir ? Simplement en vous posant les bonnes questions. Il doit y avoir un auto-diagnostic à même de vous aider à soigner le patient – vous-même. Si nous nous engageons à provoquer ce changement nous devons ensuite décider quoi faire. Nous pouvons tous identifier les choses que nous voulons changer dans nos vies, mais un des obstacles majeur est que, souvent, on a du mal à déterminer où démarrer et comment établir les priorités s'il y a plus qu'un domaine qui requiert notre attention. Dans beaucoup de cas, cela nous bloque.

Lisez ce chapitre avec votre carnet à portée de la main. Inscrivez les réponses aux questions posées. Notez également vos réflexions. L'information que vous tirerez de ces réflexions et de vos sentiments sera extrêmement utile pour vous aider à mettre en pratique ma prescription pour Sortir de Vos Sentiers Battus.

Domaines-clés de concentration

D'après mon expérience de conseil auprès des clients, il y a un thème qui revient tout le temps. Avec toutes les priorités concurrentes auxquelles nous devons faire face, par où devons nous commencer ? Si vous faites face au même dilemme, l'analyse suivante peut vous aider à identifier le point de départ le plus adapté à

Assemblez les pièces • 105

votre situation. En analysant nos vies, trois domaines clé me viennent à l'esprit en accord avec « Sortez de vos sentiers battus » :

- Moi-même
- Les relations que j'entretiens, et
- La réussite, ou le manque de réussite économique dans ma vie.

Lequel de ces domaines vous apporterait la plus grande satisfaction personnelle si vous le sélectionniez comme point de départ : vous-même, vos relations, votre santé financière ?

Qu'avez-vous retenu des précédents chapitres ? Quel a été votre plus grand « ah-ha » de surprise parmi tout ce que vous avez appris qui pouvait se mettre en travers de votre chemin ? Considérez ce qui suit :

Si vous avez pris conscience que vos difficultés ont leur origine dans la manière dont vous avons été éduqué ou socialisé, et que ces systèmes de valeurs interfèrent avec votre capacité à vous en sortir, alors commencez par là.

Si la guérison passe par un changement émotionnel, spirituel, ou autre, alors c'est par là qu'il faut débuter.

Si vous déterminez, en vous basant sur ce que vous avez appris dans les chapitres précédents, que vos réelles difficultés reposent dans les relations que vous entretenez, alors vous devez sélectionner vos relations comme une priorité. Vous devez changer ces relations en accord avec vos besoins, ou en créer d'autres.

Finalement, si votre prospérité financière, ou son absence, est la cause de vos difficultés, alors vous devez rendre prioritaire la recherche des moyens de l'améliorer. Si vos problèmes d'argent doivent se régler en investissant plus ou alors en économisant plus sagement, alors ce doit être le but à atteindre pour vous en sortir. Si l'analyse de votre situation économique vous suggère que vous devriez partager davantage avec autrui, trouvez alors des moyens de le faire pour pleinement vous épanouir.

Questions-clés

La suite de ce chapitre pose des questions qui peuvent vous aider à vous concentrer et à clarifier votre stratégie personnelle de mise en place des changements nécessaires pour sortir de vos sentiers battus. Le but ici est de vous rendre capable d'avoir une vision précise, particulièrement des domaines identifiés plus haut – vous-même, vos relations, votre satisfaction financière. Où en êtes-vous là, maintenant ? Où voulez-vous aller ?

Les questions posées visent à vous aider à peindre le tableau de votre vie idéale et à commencer à la vivre dès aujourd'hui. Elles doivent vous aider à vous focaliser sur ce que vous voulez. Mais, attention, soyez très clair avec vous-même ! Souvenez-vous que ce sur quoi vous vous concentrer va arriver ! Par conséquent, concentrez-vous sur ce que vous voulez, pas sur ce que vous ne voulez pas.

Alors, commencez à pratiquer votre futur !

• Sortez de vos Sentiers Battus

Rappelez-vous que nous voyons tous nos vies selon trois perspectives principales :
- Nous-même
- Les relations que nous entretenons
- Notre prospérité économique

Tout ce à quoi nous avons affaire, au quotidien, relève de ces trois catégories. Parvenir à une conscience claire de vos inspirations, intuitions, choix et actions dans ces domaines constitue la clé pour sortir de vos sentiers battus. Intuitivement, le domaine qui résonne le plus en vous après avoir complété le processus, défini ci-dessous, devient votre point de départ idéal.

Commencez par vous poser introspectivement les questions suivantes et notez-en les réponses :
1. Quelle sont mes plus hautes aspirations ?
2. Que veux-je devenir ?
3. Que veux-je faire ?
4. Que veux-je avoir, posséder ?

Assemblez les pièces • 109

Répondez à ces questions d'abord du point de vue qui se rattache à vous, en tant qu'individu (vous-même). Ensuite, répondez-y du point de vue vos relations, à la fois personnelles et professionnelles. Enfin, répondez-y du point de vos ambitions économiques.

Vous-même

Vous devez vous considérer vous-même comme votre priorité (ou, du moins, il devrait en être ainsi). Les questions suivantes fournissent le cadre dans lequel brosser votre portrait tant aujourd'hui que demain. Quelles sont vos plus grandes inspirations en ce qui concerne votre image ? Êtes-vous aussi en forme que vous le voudriez ? Intellectuellement parlant, recevez-vous suffisamment de stimulation ? Étendez-vous vos connaissances dans des domaines qui vous importent ? Quels sont vos états de bien-être spirituel, émotionnel et psychologique ? Êtes-vous satisfaits de votre carrière, vos affaires et/ou votre vie professionnelle ? Profitez-vous d'un bel environnement, paisible, enrichissant ?

Vos relations

Vos relations affectent votre comportement ainsi que les résultats obtenus sur la base de vos relations avec autrui. Les questions de cette section permettent d'apprécier la qualité de vos relations. Profitez-vous d'une relation avec votre conjoint ou tout autre personne chère qui soit remplie d'amour, de respect, de soutien, et vous satisfaisant l'un l'autre ? Qu'en est-il de vos enfants et autres membres de votre famille ? Entretenez vous des rapports de qualité au travail avec vos collègues, vos subordonnés, vos patrons ? Si non, quelles relations voudriez-vous changer ? De quelle manière voudriez-vous qu'elles changent ?

Économiquement parlant

Pour finir, votre prospérité financière dépend de nombreux facteurs. En particulier, de la manière dont vous vous voyez positionné dans votre monde – comme un joueur ou comme un pion. Bien sûr, les circonstances sont un facteur important.

Assemblez les pièces • 111

Néanmoins, je pense sincèrement que la manière dont vous vous voyez dans votre environnement peut faire toute la différence. Votre auto-perception a une incidence sur les relations que vous établissez, les choix que vous faites. Les questions à considérer, quand vous évaluez votre bien-être par rapport à votre santé économique doivent comporter: suis-je satisfait du montant de mes revenus, de mes investissements, de mon épargne ? Dans quoi est-ce que je dépense mon argent ? Est-ce que je fais des donations aux causes qui comptent vraiment pour moi ? Est-ce que cela peut augmenter mon bien être de les modifier? Ou alors est-ce que j'arrive juste à m'en sortir et dois-je modifier mon taux d'endettement ?

Développer votre plan

Si vous avez fait le travail et répondu aux questions de ce chapitre, vous avez désormais une image plus claire d'où vous voulez aller. Vous avez également une idée plus claire de comment commencer votre parcours. Développez votre plan en utilisant les aides à la planification données au chapitre 6.

Si vous avez mis en œuvre les étapes de ma prescription pour le succès, vous avez désormais une vision plus claire de comment passer de là ou vous en êtes aujourd'hui à ce que vous voulez devenir demain. Votre potentiel de réussite est significativement plus fort. Commencez aujourd'hui, et n'abandonnez jamais !

Assemblez les pièces • 113

Vivre sans peur, faire face à tous les obstacles et savoir que vous pouvez les surmonter.

-- Anonyme

CHAPITRE DIX

Un Nouveau Voyage Commence

Deux chemins divergeaient dans un bois et j'ai - j'ai pris celui le moins fréquenté, et c'est ce qui a fait toute la différence.

-- Robert Frost

Je crois fermement que vous possédez le pouvoir de créer votre propre destinée. Le poème de Robert Frost « Le chemin le moins fréquenté », mentionné ci-dessus, capture, en quelques mots à peine, l'essence de ce livre. Vous avez le choix. Vous pouvez soit choisir de suivre le chemin emprunté par tout le monde. Vous pouvez vous asseoir sur le bord de la route et trouver des excuses expliquant pourquoi votre vie ne prend pas la tournure dont vous rêviez. Ou alors, vous avez l'option de créer votre propre route -- Sortez de Vos Sentiers Battus et commencez à faire avancer les choses. Choisissez votre chemin ! Un homme sage a dit un jour qu'un voyage de milliers de miles commençait par le premier pas.

116 • Sortez de vos Sentiers Battus

Félicitations ! Si vous en êtes arrivé si loin dans le livre et avez suivi mes stratégies et conseils, vous avez fait ce premier pas.

Pour faire que le changement dure maintenant, vous devez constamment appliquer les quatre choses suivantes :

1. Élevez vos standards. Changez ce que vous exigez de vous-même. Déterminez tout ce que vous, à l'avenir
   - n'accepterez plus dans votre vie,
   - ne tolérerez plus,
   - aspireriez à devenir

2. Ré-entraînez votre cerveau à éliminer vos croyances limitatives – Nos croyances sont comme des ordres non questionnables qui nous disent comment les choses doivent être, ce qui est du domaine du possible et ce qui est impossible. Et, finalement, ce que l'on peut, et ne peut pas, faire. Si vous n'éliminez pas ces a priori limitatifs, vous pourrez élever vos standards autant que vous

Un Nouveau Voyage Commence

voulez, mais jamais vous n'aurez la volonté nécessaire pour les maintenir.

3. Changez votre stratégie : vous avez besoin des meilleures stratégies pour obtenir les meilleurs résultats.

4. Poursuivez votre route en utilisant les stratégies décrites dans la prescription pour le succès de Jovita.

5. Agissez ! Agir est, en effet, le sujet même de Sortez De Vos Sentiers Battus™. Beaucoup de gens **savent quoi faire**, mais en réalité **peu font** ce qu'ils savent. Savoir n'est pas suffisant, **vous devez agir**.

Il faut continuellement vous poser la question « Quelle action dois-je accomplir aujourd'hui, de manière à créer les lendemains auxquels j'aspire ? Et, continuez de vous répéter ceci: « Je peux maîtriser n'importe quelle situation qui se présentera. »

Pensées Conclusives

Il n'y a pas de rêves impossibles. Il n'y a que notre perception limitée de ce qui est possible. Si vous y croyez, vous pouvez y arriver ! Vous avez les capacités de changer votre vie et de créer le futur que vous désirez. Mon sincère souhait est que vous utilisiez les outils et stratégies présentés dans ces pages et embarquiez pour un nouveau voyage – sur les voies de la destinée que vous vous êtes choisi(e). J'aimerais beaucoup que vous me témoigniez de vos succès. Tenez-moi au courant. Envoyez moi un mail à info@jovitajenkins.com. N'oubliez jamais, votre futur commence par ce que vous faites aujourd'hui pour rendre demain possible. Commencez dès maintenant votre voyage ! ALLEZ-Y, EN AVANT ET CONQUERREZ !

Me voilà, enfin, marchant au rythme de mon propre tambour, en accord avec ce que j'aime le plus. Et, je suis a 100 % engagé dans les décisions que JE prends désormais. Franchement, c'est tout ce qui compte.

-- Jovita Jenkins

Bibliographie

Adrienne, Carol. *Find Your Purpose, Change Your Life*. New York: Quill, 1999.

Beard, Lee and E., Steven. *Wake Up Live the Life You Love*. Laguna Beach, CA: Little Seed Publishing Co., 2003

Canfield, Jack, Mark Victor Hansen and Les Hewitt. *The Power of Focus*. Deerfield Beach, FL: Health Communications, Inc., 2000.

Chopra, Deepak. *The Seven Laws of Spiritual Success*. San Rafael, CA: Amber-Allen Publishing and New World Library, 1994.

Coleman-Willis, Linda. *Loving Yourself First*. Inglewood California: WLW Publishing, 1997.

Covey, Stephen. *The Seven Habits of Highly Effective People*. New York: Simon & Schuster, 1990.

Dyer, Wayne W. *You'll See It When You Believe It*. New York: Harper Collins, 1989.

Ford, Debbie. *The Dark Side of the Light Chasers*. New York: Riverhead Books, 1998.

Fortgang, Laura Berman. *Living Your Best Life*. New York: Jeremy P. Tarcher/Putnam, 2001.

Fortgang, Laura Berman. *Take Yourself to the Top*. New York: Warner Books, 1998.

Foster, Jylla Moore. *Due North! Strengthen Your Leadership Assets.* Hinsdale, IL: Crystal Stairs Publishers, 2002.

Grabhorn, Lynn. *Excuse Me, Your Life Is Waiting.* New York: Hampton Roads Publishing Co.

Hall, Stacey and Jan Brogniez. *Attracting Perfect Customers.* San Francisco, CA: Berrett-Koehler Publishers, Inc., 2001.

Hansen, Mark Victor and Robert G. Allen. *The One Minute Millionaire.* New York: Harmony Books, 2002.

Harrell, Keith. *Attitude is Everything.* New York: Harper Collins, 2000.

Hill, Napoleon. *Think and Grow Rich.* New York: Fawcett Books, 1990.

Hudson, Frederic M. and McLean, Pamela D. *LifeLaunch.* Santa Barbara: The Hudson Institute Press, 2000.

Jeffers, Susan. *Feel the Fear and Do It Anyway.* NewYork: Ballantine Books, 1987.

Johnson, M.D., Spencer. *Who Moved My Cheese?* New York: G.P. Putnam's Sons, 1998.

Kimbro, Dennis P. *What Makes the Great Great: Strategies for Extraordinary Achievement.* New York: Doubleday Books, 1998.

King, Barbara. *Transform Your Life.* New York: Perigee Books, 1995.

Lefkoe, Morty. *Re-Create Your Life.* Kansas City: Andrews and McMeel, 1997.

McGraw, Phillip. *Life Strategies.* New York: Hyperion, 2000.

McGraw, Phillip. *Self Matters.* New York: Simon & Schuster Source, 2001.

Peale, Norman Vincent. *Power of Positive Thinking.* New York: Ballantine Books, 1996.

Pederson, Rena. *What's Next? Women Redefining Their Dreams in the Prime of Life.* New York: Perigee Books, 2001.

Richardson, Cheryl. *Stand Up for Your Life.* New York: The Free Press, 2002.

Richardson, Cheryl. *Take Time for Your Life.* New York: Broadway Books, 1999.

Robbins, Anthony. *Awaken The Giant Within.* New York: Fireside, 1991.

Scott, Susan. *Fierce Conversations*. New York: Viking Penguin, 2002.

Tracy, Brian. *Change Your Thinking, Change Your Life*. Hoboken, NJ: John Wiley & Sons, Inc., 2003.

Von Oech, Roger, *A Whack on the Side of the Head*. New York: Warner Books, Inc., 1990

www.ingramcontent.com/pod-product-compliance
Lightning Source LLC
Chambersburg PA
CBHW031601110426
42742CB00036B/657